L'ESPAGNOL

pour mieux voyager
en Amérique latine

Crédits

Recherche et rédaction: Julie Brodeur
Adjointe à l'édition: Annie Gilbert
Recherche et rédaction antérieures:
Luis Eduardo Arguedas, Gilberto D'Escoubet Fernandez, Julián Felipe Tinoco Fuentes, Claude-Victor Langlois, Ana Mercedes Luís, Kim Paradis, Françoise Roy

Correction et traduction espagnoles:
Barbará Alvares
Correction du français: Pierre Daveluy
Conception graphique: Philippe Thomas
Mise en page: Judy Tan
Photographie de la page couverture:
Cactus © iStockphoto.com/GuidoVrola

Cet ouvrage a été réalisé sous la direction de Claude Morneau.

Remerciements

Nous reconnaissons l'appui financier du gouvernement du Canada.

Nous tenons également à remercier le gouvernement du Québec – Programme de crédit d'impôt pour l'édition de livres – Gestion SODEC.

Canada Québec

Guides de voyage Ulysse est membre de l'Association nationale des éditeurs de livres.

Écrivez-nous

Guides de voyage Ulysse
4176, rue Saint-Denis, Montréal (Québec), Canada H2W 2M5, www.guidesulysse.com, texte@ulysse.ca

Les Guides de voyage Ulysse, sarl
127, rue Amelot, 75011 Paris, France, www.guidesulysse.com, voyage@ulysse.ca

Catalogage avant publication de Bibliothèque et Archives nationales du Québec et Bibliothèque et Archives Canada

Vedette principale au titre:
L'espagnol pour mieux voyager en Amérique latine
5e édition.
(Guide de conversation pour le voyage)
Comprend un index.
Textes en français et en espagnol.
ISBN 978-2-89464-531-4

1. Espagnol (Langue) - Vocabulaires et manuels de conversation français. I. Langlois, Claude-Victor. Espagnol pour mieux voyager en Amérique latine. II. Collection : Guide de conversation pour le voyage.
PC4121.E86 2016   468.3'441   C2015-942285-X

TABLE DES MATIÈRES

Machu Picchu, au Pérou.
© iStockphoto.com/Bartosz Hadyniak

INTRODUCTION

La langue espagnole tire son origine du castillan, un dialecte roman (latin) né au royaume de Castille, en Espagne, durant le Moyen Âge. À la fin du XVe siècle, pendant l'ère colonialiste, l'espagnol traverse l'Atlantique avec les conquistadors pour s'implanter fermement en Amérique, où se trouve la très grande majorité des locuteurs hispanophones.

Dynamique, l'espagnol poursuit son expansion dans le monde contemporain et constitue aujourd'hui la deuxième langue la plus parlée sur la planète (plus de 550 millions de locuteurs), la troisième langue la plus utilisée sur Internet et la langue officielle d'une vingtaine de pays. S'il subit de nos jours la forte influence de l'anglais, l'espagnol jouit cependant d'une excellente santé. Avec plus de 53 millions de locuteurs hispanophones, les États-Unis se hissent au deuxième rang, derrière le Mexique, des pays les plus hispanophones au monde!

Sachez que les différences entre l'espagnol d'Espagne et celui d'Amérique latine (et entre pays latino-américains) se limitent généralement à des particularités régionales de prononciation et d'intonation. Ainsi, tous les hispanophones se comprennent, qu'ils soient à Madrid, Lima, Bogotá ou Buenos Aires.

Dans cet ouvrage, nous nous sommes efforcés de choisir les mots et les expressions d'usage les plus étendus et d'employer un système de transcription phonétique qui permet de reproduire les sons avec autant de justesse que possible tout en privilégiant la simplicité. Ainsi, vous aurez rapidement la satisfaction de vous exprimer dans la langue de Cervantes sans la moindre gêne.

L'ESPAGNOL EN AMÉRIQUE LATINE
EL ESPAÑOL EN AMÉRICA LATINA

Quelques particularités de l'espagnol d'Amérique latine

L'espagnol qu'on parle en Amérique diffère de celui parlé en Espagne. Nous trouverons donc en Amérique des phénomènes linguistiques qui sont propres à cette région; parmi ces phénomènes, les plus importants sont les suivants:

Le *seseo*: les consonnes *c*, *z* et *s* sont prononcées comme *s*.

Le *yeísme*: les consonnes *y* et *ll* sont nivelées, donnant un seul son, et se prononcent comme *y*.

Confusion entre *r* et *l*.

Certaines consonnes comme le *d* sont muettes en fin de syllabe et le *s* peut être aspiré ou non prononcé:

dedo   [dédo] [déo]

desde   [désde] [déhde] [déde]

pasas   [pásas] [pásah] [pása]

Les *archaïsmes*: des mots qui ne s'utilisent plus en Espagne comme *lindo* pour *hermoso* (beau), *prieto* pour *negro* (noir), etc.

Les *américanismes*: des mots indigènes, tels que *guagua*, qui peuvent avoir différentes significations selon le pays.

Guagua: autobus (Cuba et République dominicaine), bébé (au Mexique).

Le *voseo*: l'usage systématique du pronom *vos* (et des formes verbales correspondantes) dans le traitement de la deuxième personne du singulier: *vos* (*amás*, *temés*, *partís*). Phénomène non généralisé en Amérique, le *voseo* s'utilise surtout en Argentine et en Uruguay.

Phonèmes

/c/   Tout comme en français, le *c* est doux devant *i* et *e* et se prononce alors comme un *s* : *cerro* [se*r*o]. Devant les autres voyelles, il est dur : *carro* [ka*r*o]. Le *c* est également dur devant les consonnes, sauf devant le *h* (voir plus bas).

/g/   De même que le *c*, le *g* est doux devant *i* et *e*, et s'exprime comme un souffle d'air qui vient du fond de la gorge : *gente* [hénte].

Devant les autres voyelles, il est dur : *golf* (se prononce comme en français). Le *g* est également dur devant les consonnes.

/ch/   Se prononce *tch*, comme dans « Tchad » : *leche* [létche]. Jusqu'en 1995, le *ch* était, tout comme le *ll*, une lettre distincte, listée séparément dans les dictionnaires et dans l'annuaire du téléphone.

/h/   Ne se prononce pas : *hora* [óra].

/j/   Se prononce comme le *h* sonore de « hop ».

/ll/   Se prononce comme le *y* de « yen » : *llamar* [yamár]. Dans certaines régions, par exemple le centre de la Colombie, *ll* se prononce comme le *j* de « jujube » (Medellín se prononce « Medejin »). Jusqu'en 1995, il s'agissait d'une lettre distincte, listée séparément dans les dictionnaires et dans l'annuaire de téléphone.

/ñ/   Se prononce comme le gn de « beigne » : *señora* [segnóra].

/r/   Plus roulé et mois guttural qu'en français. /**r**/ se prononce comme vibrant multiple au début du mot : *roca* [**r**óka] ; après /n/ /l/ et /s/ : *Israel* [is**r**aél] et entre voyelles, lorsqu'il apparaît en double : *carro* [ká**r**o].

/s/   Se prononce toujours comme le *s* de « singe » : *casa* [kása].

/v/   Se prononce comme *b* : *vino* [bíno].

/x/   Se prononce en général comme *ks* : *próximo* [próksimo], mais peut correspondre aussi à d'autres sons : /H/ (*México*, [méHico]); /gs/ (*examen* [egsámen] et, par économie linguistique, finit par se prononcer comme /s/ dans les mots les plus courants : *esacto* [esákto], *auxilio* [aousílio].

/z/   Se prononce comme *s* : *paz* [pass].

Voyelles

/e/   Se prononce toujours comme un *é* : *helado* [eládo], sauf lorsqu'il précède deux consonnes, auquel cas il se prononce comme un *è* : *encontrar* [èncontrar].

/u/   Se prononce toujours comme *ou* : *cuenta* [couénta].

/y/   Se prononce généralement comme un *i*, mais cette semi-voyelle peut avoir un autre son comme dans « yen » : *playa* [pláya].

Toutes les autres lettres se prononcent comme en français.

TRANSCRIPTION PHONÉTIQUE

Dans ce guide de conversation, vous trouverez les mots répartis en trois colonnes, ou sur trois lignes, et ce, dans chacune des sections.

La **première colonne** donne généralement le mot en français.

Vis-à-vis, dans la **deuxième colonne**, vous trouverez sa traduction espagnole.

Finalement, la **troisième colonne** vous indiquera, grâce à une transcription phonétique, comment prononcer ce mot. Cette phonétique a été élaborée spécialement pour les francophones et se veut le plus simple possible.

Vous trouverez parfois les mots en espagnol dans la première colonne, leur traduction en français dans la deuxième et la prononciation du mot espagnol dans la troisième colonne, ceci afin de vous aider à trouver facilement la signification d'un mot lu ou entendu.

N'oubliez pas de consulter les deux dictionnaires à la fin du guide. Ils rassemblent les mots français et espagnols dont il est question dans l'ouvrage. Vous pouvez donc toujours vous y référer.

Vous remarquerez aussi que les phrases suggérées, en plus d'être traduites en espagnol, sont aussi suivies de la transcription phonétique pour vous aider à les prononcer. Vous trouverez ci-dessous une explication de cette **phonétique**. Retenez que chaque signe se prononce comme en français. Par exemple, le signe *p* dans la phonétique se prononce comme le *p* français et réfère à la lettre *p* en espagnol; le signe *k* dans la phonétique se prononce comme le *k* français, mais peut avoir été utilisé pour le *c*, le *k* ou le *qu* espagnol.

Notez que dans les transcriptions phonétiques, nous avons ajouté un accent (´) sur les voyelles des syllabes accentuées pour vous permettre de bien les identifier.

Transcription	Lettre	Exemple	phonétique
p	*p*	*par*	[pár]
b	*b/v*	*bar/vino*	[bár ǀ bíno]
t	*t*	*té*	[té]
d	*d*	*dar*	[dár]
k	*c/k/qu*	*cama/kilo/aquí*	[káma ǀ kílo ǀ akí]
g	*g*	*gana*	[gána]
f	*f*	*fin*	[fín]
s	*s/c/z*	*sol/cinco/izquierda*	[sól ǀ sínko ǀ iskiérda]
H	*j*	*mujer*	[mouHér]
h	*g*	*gente*	[hénte]
tch	*ch*	*chico*	[tchíko]
m	*m*	*mamá*	[mamá]
n	*n*	*no*	[nó]
gn	*ñ*	*caña*	[kágna]
l	*l*	*lado*	[ládo]
r	*r*	*pero*	[péro]
r	*rr*	*perro*	[péro]
a	*a*	*está*	[está]
e	*e*	*té*	[té]
i	*i/y*	*sí/y*	[sí ǀ i]
o	*o*	*no*	[nó]
ou	*u*	*tú*	[toú]
w	*u*	*cuatro*	[kwátro]
y	*y/ll/i*	*ayer/calle/aire*	[ayér ǀ [kaye ǀ áyre]

Les deux-points (:) signifient que le son de la voyelle s'allonge.

ACCENT TONIQUE

L'accent tonique espagnol est de type lexical, c'est-à-dire que le mot conserve toujours le même accent quelle que soit sa place dans la phrase, alors qu'en français le mot perd son accent au profit du groupe de mots (accent syntaxique).

En espagnol, chaque mot comporte une syllabe plus accentuée, « l'accent tonique », qui est très important, s'avérant souvent nécessaire pour la compréhension de vos interlocuteurs. Si, dans un mot, une voyelle porte un accent aigu (le seul accent orthographique utilisé en espagnol), c'est cette syllabe qui doit être accentuée, car, en cas contraire, on peut changer la signification du mot ou exprimer un temps de verbe différent comme dans les cas suivants:

cantará	(futur)
cantara	(subjonctif)
cántara	(nom)
calculó	(passé simple)
calculo	(présent)
cálculo	(nom)
depositó	(passé simple)
deposito	(présent)
depósito	(nom)

S'il n'y a pas d'accent sur le mot, il faut suivre la simple règle qui consiste à accentuer l'avant-dernière syllabe de tout mot qui se termine par une voyelle: *amigo*, *casa*, *barco*.

On doit accentuer la dernière syllabe de tout mot qui se termine par une consonne sauf *s* (pluriel des noms et adjectifs) ou *n* (pluriel des verbes):

*am*i*gos*, **ha**blan

alcoh**ol**, ment**ol**, **azul**, n**ariz**, cor**rer**, us**ted**, es**toy**, re**loj**

QUELQUES CONSEILS

› Lisez à haute voix.

› Écoutez des chansons du pays en essayant de comprendre certains mots.

› Faites des associations d'idées pour mieux retenir les mots et le système linguistique. Ainsi, en espagnol, retenez qu'une terminaison en *o* désigne presque toujours un mot masculin, tandis que les terminaisons en *a* sont généralement réservées aux mots féminins. À titre d'exemple, le prénom Julio (Julio Iglesias) est masculin alors que Gloria (Gloria Estefan) est féminin.

› Faites aussi des liens entre le français et l'espagnol. Par exemple, «dernier» se dit *último* en espagnol, un terme voisin d'«ultime» en français. Dans le même ordre d'idées, «excusez-moi» se traduit par *excúseme, disculpe, perdone*, alors qu'on dit également en français «se disculper».

› Essayez par ailleurs de déduire par vous-même les dérivés de certains mots courants tels que *lento* et *lentamente* pour «lent» et «lentement». Vous élargirez ainsi plus rapidement votre vocabulaire.

› N'hésitez pas à vous lancer et exprimez-vous autant que possible en espagnol. En général, on vous comprendra, parfois on vous reprendra (c'est de l'enseignement gratuit!), et vous progresserez ainsi très rapidement.

› Essayez de lire les affiches que vous verrez un peu partout lors de votre voyage : souvent vous y arriverez et cela vous permettra d'enrichir votre vocabulaire.

› Avant votre départ ou à bord de l'avion, si vous avez l'occasion de voir des films en espagnol, faites-le. Même si vous devez recourir presque toujours aux sous-titres, il vous en restera toujours quelque chose, notamment les mots les plus courants et surtout le rythme et l'intonation de la langue.

› Avant une communication, préparez-vous un peu : par exemple, avant d'aller à la gare pour acheter un billet, apprenez les termes «aller-retour», «économie», «deux personnes», «heure du départ», etc.

Attention aux faux amis! Par leur ressemblance avec le français, certains mots peuvent porter à confusion. Par exemple, *largo* veut bien dire «long», et non «large», qui se dit *ancho*. *Embarazada* désigne une femme «enceinte» et non pas «embarrassée»; le mot *raro* est souvent utilisé pour parler d'une chose «bizarre» et non d'une chose «rare»! Ne vous y méprenez pas : un *gato* est bien un «chat» et non un «gâteau»!

Le Palacio de Bellas Artes,
à México.
© iStockphoto.com/traveler1116

GRAMMAIRE

RÈGLES ESSENTIELLES

Féminin et masculin

En espagnol, les mots masculins se terminent souvent par *o* et les mots féminins par *a*.

Par exemple :

la luna	la lune
el castillo	le château

Cependant, il y a des exceptions.

Par exemple :

el sol	le soleil
el corazón	le cœur
la mujer	la femme
la calle	la rue

Élimination du pronom personnel

En espagnol, le pronom personnel est généralement omis. Ainsi, pour dire « je voyage beaucoup », on ne dit pas *yo viajo mucho*, mais plutôt *viajo mucho*. Aussi, pour dire « tu viens avec moi », on ne dit pas *tu vienes conmigo*, mais plutôt *vienes conmigo*.

Par exemple :

Voy a la playa.	Je vais à la plage.
Andamos juntos.	Nous marchons ensemble.

Négation

L'usage de la négation est très simple en espagnol. Il suffit de mettre *no* devant le verbe.

Par exemple :

No voy a la playa.	Je ne vais pas à la plage.
No come carne.	Il ne mange pas de viande.
¿No vienes conmigo?	Ne viens-tu pas avec moi?

Dans la négation, l'utilisation du pronom personnel est cependant plus fréquente et sert à mettre l'emphase sur la personne. Il faut alors placer *no* entre le pronom personnel et le verbe.

Par exemple :

Tú no vas a la discoteca.	Tu ne vas pas à la discothèque.
Yo no quiero verte.	Je ne veux pas te voir.

Article partitif

L'article partitif « du » et son pluriel « des » n'existent pas en espagnol.

Par exemple :

Comemos pan.	Nous mangeons du pain.
Compro ropa.	J'achète des vêtements.

Article défini

L'article défini est utilisé comme en français, soit devant le mot qu'il désigne. La seule différence est qu'au pluriel l'article défini s'accorde en genre.

Par exemple :

Au féminin pluriel :

las flores	les fleurs
las bibliotecas	les bibliothèques

Au masculin pluriel :

los árboles	les arbres
los libros	les livres

De plus, *el* est équivalent de « le » en français (masculin singulier).

Par exemple :

el perro	le chien
el gato	le chat

La est l'équivalent de « la » en français (féminin singulier).

Par exemple :

la playa	la plage

Article indéfini

L'article indéfini s'utilise comme en français au singulier. Cependant, l'article indéfini s'accorde en genre au pluriel.

Par exemple :

Au féminin pluriel :

unas amigas	des amies
unas mesas	des tables

Au masculin pluriel :

unos amigos	des amis
unos vasos	des verres

Au singulier, l'article indéfini masculin est *un*, comme en français.

Par exemple :

un amigo   un ami

Au singulier, l'article indéfini féminin est *una*.

Par exemple :

una casa   une maison

Pronom personnel sujet

En français, la forme polie pour s'adresser à une ou plusieurs personnes consiste à remplacer le « tu » par le « vous ». En espagnol, vous n'avez qu'à employer la troisième personne, tant au singulier qu'au pluriel.

Ainsi, si vous vous adressez à une seule personne, utilisez la troisième personne du singulier : *usted.*

Vous êtes un très bon guide.   *Usted es muy buen guía.*

Avez-vous une chambre libre?   *¿Tiene usted una habitación libre?*

Si vous vous adressez à plusieurs personnes à la fois, utilisez la troisième personne du pluriel : *ustedes*. En Amérique latine, la forme polie a carrément remplacé l'utilisation de la deuxième personne du pluriel. Ainsi, *vosotros* (vous) n'est pratiquement jamais employé, au profit de *ustedes* (ils).

Vous êtes très aimables.   *Ustedes son muy amables.*

Savez-vous qui est le chauffeur?   *¿Saben ustedes quién es el chofer?*

En Argentine, le *ll* est prononcé *ch*. Cette conversion du *ll* en *ch* donne beaucoup de fil à retordre à un étranger non avisé! Par exemple, pour désigner «la rue», *la calle* en espagnol, les Argentins prononceront *la cache*. *Yo* pour dire «moi» deviendra *cho*. Pour une «jupe», nous écrirons *pollera* mais prononcerons *pochera*.

VERBES

Il y a, en espagnol comme en français, trois groupes de verbes qui se distinguent d'après les terminaisons de l'infinitif qui sont *-ar*, *-er* et *-ir*.

Notez que nous n'avons pas mentionné les pronoms personnels dans la conjugaison des verbes. Ils devraient toujours se lire comme suit:

	Français	***Español***
1re pers. du singulier	je	*yo*
2e pers. du singulier	tu	*tú*
3e pers. du singulier	il, elle	*él, ella, usted*
1re pers. du pluriel	nous	*nosotros/as*
2e pers. du pluriel	vous	*vosotros/as*
3e pers. du pluriel	ils, elles	*ellos, ellas, ustedes*

Impératif

Si vous connaissez le présent de l'indicatif des verbes réguliers, vous pourrez donner des ordres sans peine.

L'impératif en espagnol n'est ainsi que la troisième personne de l'indicatif présent.

Par exemple:

S'il te plaît, monte mes valises à la chambre.	*Por favor sube mis maletas a la habitación.*
Ferme la porte.	*Cierra la puerta.*

Si vous utilisez la forme polie, avec *usted*, il faut changer la terminaison du verbe régulier à l'infinitif par :

verbes en *ar*	*e*
verbes en *ir* et *er*	*a*

Par exemple :

Montez mes valises, s'il vous plaît.	*Por favor, suba usted mis maletas (subir : suba).*
Achetez-moi un billet, s'il vous plaît.	*Compre un billete para mi, por favor (comprar : compre).*

Si vous avez à donner des ordres à plusieurs personnes, vous devez remplacer la terminaison du verbe régulier à l'infinitif par :

verbes en *ar*	*en*
verbes en *ir* et *er*	*an*

Par exemple :

Montez mes valises, s'il vous plaît.	*Por favor, suban mis maletas (subir : suban).*
Parlez plus lentement.	*Hablen más despacio (hablar : hablen).*

Passé simple

Contrairement au français, le passé simple est utilisé fréquemment dans la langue parlée. Ainsi, pour toute action qui s'est déroulée dans une période de temps passée, il faut utiliser le passé simple.

Par exemple :

Ayer fuimos al museo.	Hier, nous fûmes au musée.
El año pasado gané mucho dinero.	L'an passé, je gagnai beaucoup d'argent.

Le passé composé est employé lorsque la période de temps à laquelle on se réfère ne s'est pas encore écoulée.

Par exemple :

Hoy hemos ido al museo.	Aujourd'hui, nous sommes allés au musée.
Este año he ganado mucho dinero.	Cette année, j'ai gagné beaucoup d'argent.

1er GROUPE (VERBES EN *-AR*) AIMER – *AMAR*

Infinitif – *Infinitivo*

Simple	***Simple***	**Composé**	***Compuesto***
aimer	*amar*	avoir aimé	*haber amado*

Participe – *Participio*

Présent	***Presente***	**Passé**	***Pasado***
aimant	*amando*	aimé-ée/ayant aimé	*amado/ habiendo amado*

Indicatif – *Indicativo*

Présent	**Presente**	**Passé composé**	***Pasado compuesto***
aime	*amo*	ai aimé	*he amado*
aimes	*amas*	as aimé	*has amado*
aime	*ama*	a aimé	*ha amado*
aimons	*amamos*	avons aimé	*hemos amado*
aimez	*amáis*	avez aimé	*habéis amado*
aiment	*aman*	ont aimé	*han amado*

Imparfait	*Imperfecto*	Plus-que-parfait	*Pluscuam-perfecto*
aimais	*amaba*	avais aimé	*había amado*
aimais	*amabas*	avais aimé	*habías amado*
aimait	*amaba*	avait aimé	*había amado*
aimions	*amábamos*	avions aimé	*habíamos amado*
aimiez	*amabais*	aviez aimé	*habíais amado*
aimaient	*amaban*	avaient aimé	*habían amado*

Passé simple	*Pasado simple*	Futur simple	*Futuro*
aimai	*amé*	aimerai	*amaré*
aimas	*amaste*	aimeras	*amarás*
aima	*amó*	aimera	*amará*
aimâmes	*amamos*	aimerons	*amaremos*
aimâtes	*amasteis*	aimerez	*amaréis*
aimèrent	*amaron*	aimeront	*amarán*

2ᵉ GROUPE (VERBES EN *-ER*) CRAINDRE – *TEMER*

Infinitif – *Infinitivo*

Simple	*Simple*	Composé	*Compuesto*
craindre	*temer*	avoir craint	*haber temido*

Participe – *Participio*

Présent	*Presente*	Passé	*Pasado*
craignant	*temiendo*	craint-ainte/ ayant craint	*temido/ habiendo temido*

Indicatif – *Indicativo*

Présent	*Presente*	Passé composé	*Pasado compuesto*
crains	*temo*	ai craint	*he temido*
crains	*temes*	as craint	*has temido*
craint	*teme*	a craint	*ha temido*
craignons	*tememos*	avons craint	*hemos temido*
craignez	*teméis*	avez craint	*habéis temido*
craignent	*temen*	ont craint	*han temido*

Imparfait	*Imperfecto*	Plus-que-parfait	*Pluscuamperfecto*
craignais	*temía*	avais craint	*había temido*
craignais	*temías*	avais craint	*habías temido*
craignait	*temía*	avait craint	*había temido*
craignions	*temíamos*	avions craint	*habíamos temido*
craigniez	*temíais*	aviez craint	*habíais temido*
craignaient	*temían*	avaient craint	*habían temido*

Passé simple	*Pasado simple*	Futur simple	*Futuro*
craignis	*temí*	craindrai	*temeré*
craignis	*temiste*	craindras	*temerás*
craignit	*temió*	craindra	*temerá*
craignîmes	*temimos*	craindrons	*temeremos*
craignîtes	*temisteis*	craindrez	*temeréis*
craignirent	*temieron*	craindront	*temerán*

3ᵉ GROUPE (VERBES EN -*IR*)
PARTIR – *PARTIR*

Infinitif – *Infinitivo*

Simple	*Simple*	Composé	*Compuesto*
partir	*partir*	être parti	*haber partido*

Participe – *Participio*

Présent	*Presente*	Passé	*Pasado*
partant	*partiendo*	parti-ie/étant parti	*partido/ habiendo partido*

Indicatif – *Indicativo*

Présent composé	*Presente compuesto*	Passé	*Pasado*
pars	*parto*	suis parti	*he partido*
pars	*partes*	es parti	*has partido*
part	*parte*	est parti	*ha partido*
partons	*partímos*	sommes partis	*hemos partido*
partez	*partís*	êtes partis	*habéis partido*
partent	*parten*	sont partis	*han partido*

Imparfait	*Imperfecto*	Plus-que-parfait	*Pluscuam-perfecto*
partais	*partía*	étais parti	*había partido*
partais	*partías*	étais parti	*habías partido*
partait	*partía*	était parti	*había partido*
partions	*partíamos*	étions partis	*habíamos partido*
partiez	*partíais*	étiez partis	*habíais partido*
partaient	*partían*	étaient partis	*habían partido*

Passé simple	*Pasado simple*	Futur simple	*Futuro*
partis	*partí*	partirai	*partiré*
partis	*partiste*	partiras	*partirás*
partit	*partió*	partira	*partirá*
partîmes	*partimos*	partirons	*partiremos*
partîtes	*partisteis*	partirez	*partiréis*
partirent	*partieron*	partiront	*partirán*

La préposition *para* (pour) se prononce fréquemment *pa*.

Par exemple : ¿*Pa dónde vamos?* (« Où va-t-on ? »), ¿*Pa la izquierda o pa la derecha?* (« À gauche ou à droite ? »).

ÊTRE

En espagnol, le verbe « être » s'exprime par deux verbes irréguliers : *ser* et *estar*.

Ser indique d'une manière générale un état permanent. Plus spécifiquement :

a) l'occupation

Je suis touriste.	*Yo soy turista.*	[yo sói tourísta]

b) la couleur

Le pantalon est noir.	*El pantalón es negro.*	[el pantalón es négro]

c) la qualité

| La piscine est petite. | *La piscina es pequeña.* | [la pisína es pekégna] |

d) la possession

| C'est le passeport de María. | *El pasaporte es de María.* | [el pasapórte es de maría] |

e) l'origine

| Tu es du Chili. | *Tú eres de Chile.* | [tú éres de tchíle] |

f) la nationalité

| Lola est Espagnole. | *Lola es Española.* | [lóla es espagnóla] |

g) la matière

| La boîte est en cuir. | *La caja es de piel* | [la káHa es de piél] |

Estar indique d'une manière générale un état temporaire; sert à localiser les personnes ou les objets et à décrire les états ponctuels.

| a) Je suis /vais bien. | *Estoy bien.* | [estói bién] |
| b) La Havane est/se trouve à Cuba. | *La Habana está en Cuba.* | [la:bána está en kúba] |

ÊTRE – *SER*

Infinitif – *Infinitivo*

Simple	*Simple*	**Composé**	*Compuesto*
être	ser	avoir été	haber sido

Participe – *Participio*

Présent	*Presente*	**Passé**	**Pasado**
étant	siendo	été/ayant été	sido/ habiendo sido

Indicatif – *Indicativo*

Présent / *Presente* — Passé composé / *Pasado compuesto*

Présent	*Presente*	Passé composé	*Pasado compuesto*
suis	*soy*	ai été	*he sido*
es	*eres*	as été	*has sido*
est	*es*	a été	*ha sido*
sommes	*somos*	avons été	*hemos sido*
êtes	*sois*	avez été	*habéis sido*
sont	*son*	ont été	*han sido*

Imparfait / *Imperfecto* — Plus-que-parfait / *Pluscuamperfecto*

Imparfait	*Imperfecto*	Plus-que-parfait	*Pluscuamperfecto*
étais	*era*	avais été	*había sido*
étais	*eras*	avais été	*habías sido*
était	*era*	avait été	*había sido*
étions	*éramos*	avions été	*habíamos sido*
étiez	*erais*	aviez été	*habíais sido*
étaient	*eran*	avaient été	*habían sido*

Passé simple / *Pasado simple* — Futur simple / *Futuro*

Passé simple	*Pasado simple*	Futur simple	*Futuro*
fus	*fui*	serai	*seré*
fus	*fuiste*	seras	*serás*
fut	*fue*	sera	*será*
fûmes	*fuimos*	serons	*seremos*
fûtes	*fuisteis*	serez	*seréis*
furent	*fueron*	seront	*serán*

ÊTRE – *ESTAR*

Infinitif – *Infinitivo*

Simple	*Simple*	Composé	*Compuesto*
être	*estar*	avoir été	*haber estado*

Participe – *Participio*

Présent	*Presente*	Passé	Pasado
étant	*estando*	été/ayant été	*estado/habiendo estado*

Indicatif – *Indicativo*

Présent	*Presente*	Passé composé	*Pasado compuesto*
suis	*estoy*	ai été	*he estado*
es	*estás*	as été	*has estado*
est	*está*	a été	*ha estado*
sommes	*estamos*	avons été	*hemos estado*
êtes	*estáis*	avez été	*habéis estado*
sont	*están*	ont été	*han estado*

Imparfait	*Imperfecto*	Plus-que-parfait	*Pluscuamperfecto*
étais	*estaba*	avais été	*había estado*
étais	*estabas*	avais été	*habías estado*
était	*estaba*	avait été	*había estado*
étions	*estábamos*	avions été	*habíamos estado*
étiez	*estabais*	aviez été	*habíais estado*
étaient	*estaban*	avaient été	*habían estado*

Passé simple	*Pasado simple*	Futur simple	*Futuro*
fus	*estuve*	serai	*estaré*
fus	*estuviste*	seras	*estarás*
fut	*estuvo*	sera	*estará*
fûmes	*estuvimos*	serons	*estaremos*
fûrent	*estuvisteis*	serez	*estaréis*
furent	*estuvieron*	seront	*estarán*

> En espagnol, les phrases interrogatives commencent par un point d'interrogation inversé (¿) et se terminent par un point d'interrogation normal (?). Le point d'exclamation suit la même règle (¡!).

AVOIR

L'équivalent d'« avoir » en espagnol est le verbe irrégulier *tener.*

On le conjugue comme suit :

AVOIR – *TENER*

Infinitif – *Infinitivo*

Simple	*Simple*	Composé	*Compuesto*
avoir	*tener*	avoir eu	*haber tenido*

Participe – *Participio*

Présent	*Presente*	Passé	*Pasado*
ayant	*teniendo*	eu-eue/ayant eu	*tenido/habiendo tenido*

Indicatif – *Indicativo*

Présent	*Presente*	Passé composé	*Pasado compuesto*
ai	*tengo*	ai eu	*he tenido*
as	*tienes*	as eu	*has tenido*
a	*tiene*	a eu	*ha tenido*
avons	*tenemos*	avons eu	*hemos tenido*
avez	*tenéis*	avez eu	*habéis tenido*
ont	*tienen*	ont eu	*han tenido*

Imparfait	*Imperfecto*	Plus-que-parfait	*Pluscuamperfecto*
avais	*tenía*	avais eu	*había tenido*
avais	*tenías*	avais eu	*habías tenido*
avait	*tenía*	avait eu	*había tenido*
avions	*teníamos*	avions eu	*habíamos tenido*
aviez	*teníais*	aviez eu	*habíais tenido*
avaient	*tenían*	avaient eu	*habían tenido*

Passé simple	*Pasado simple*	Futur simple	*Futuro*
eus	*tuve*	aurai	*tendré*
eus	*tuviste*	auras	*tendrás*
eut	*tuvo*	aura	*tendrá*
eûmes	*tuvimos*	aurons	*tendremos*
eûtes	*tuvisteis*	aurez	*tendréis*
eurent	*tuvieron*	auront	*tendrán*

Dans de nombreux pays d'Amérique latine (Argentine, Paraguay, Uruguay, Honduras, El Salvador, Guatemala, Nicaragua, Costa Rica), on utilise le *vos* au lieu du *tú* pour tutoyer. Ce terme était employé en Espagne jusqu'au XVIe siècle. Le pluriel est *ustedes* (3e pers.) et non *vosotros* (2e pers.). Exemple de conjugaison du verbe « être » : *yo soy, vos sos* (je suis, tu es). Finalement, *ti* est également remplacé par *vos*; par exemple : *Es para ti* devient *Es para vos* (« C'est pour toi »). Il y a aussi des pays où ce phénomène s'applique seulement dans certaines régions, notamment au Chili, au Panamá ou en Colombie.

QUELQUES VERBES ET LEUR CONJUGAISON

Infinitif

ouvrir	*abrir*	[abrír]
aller	*ir*	[ir]
venir	*venir*	[benír]
donner	*dar*	[dár]
pouvoir	*poder*	[podér]
vouloir	*querer*	[kerér]
parler	*hablar*	[ablár]
manger	*comer*	[komér]

Présent de l'indicatif (1re personne)

| ouvre | *abro* | [ábro] |
| vais | *voy* | [bói] |

viens	*vengo*	[béngo]
donne	*doy*	[dói]
peux	*puedo*	[pwédo]
veux	*quiero*	[kiéro]
parle	*hablo*	[áblo]
mange	*como*	[kómo]

Imparfait (1re personne)

ouvrais	*abría*	[abría]
allais	*iba*	[íba]
venais	*venía*	[benía]
donnais	*daba*	[dába]
pouvais	*podía*	[podía]
voulais	*quería*	[kería]
parlais	*hablaba*	[ablába]
mangeais	*comía*	[komía]

Futur (1re personne)

ouvrirai	*abriré*	[abriré]
irai	*iré*	[iré]
viendrai	*vendré*	[bendré]
donnerai	*daré*	[daré]
pourrai	*podré*	[podré]
voudrai	*querré*	[keré]
parlerai	*hablaré*	[ablaré]
mangerai	*comeré*	[komeré]

AUTRES VERBES PRATIQUES À L'INFINITIF

accepter	*aceptar*	[aseptár]
arrêter	*parar*	[parár]
comprendre	*entender*	[entendér]
conduire	*conducir*	[kondousír]
confirmer	*confirmar*	[konfirmár]
coûter	*costar*	[kostár]
écrire	*escribir*	[eskribír]
faire	*hacer*	[asér]
fermer	*cerrar*	[se*r*ár]
indiquer	*indicar*	[indikár]
mettre	*poner*	[ponér]
obtenir	*conseguir*	[konsegír]
perdre	*perder*	[perdér]
voyager	*viajar*	[biaHár]

Confondre les prépositions *por* et *para* en espagnol est monnaie courante! Ces deux mots sont employés pour désigner respectivement « par » et « pour » en français. Comment faire la différence? Retenez que *para* indique le but, la destination, la finalité d'une action, tandis que *por* désigne la cause, le motif de quelque chose. Par exemple: *Es para ti* (C'est pour toi), *Por favor* (S'il vous plaît).

L'habitat naturel de l'ara rouge s'étend du Mexique à l'Amazonie.
©iStockphoto.com/MagicColors

RENSEIGNEMENTS PRATIQUES

MOTS ET EXPRESSIONS USUELS
PALABRAS Y EXPRESIONES USUALES

Oui	*Sí*	[sí]
Non	*No*	[no]
Peut-être	*Puede ser*	[pwéde ser]
Excusez-moi	*Perdone*	[perdóne]
Bonjour (forme familière)	*¡Hola!*	[óla]
Bonjour (le matin)	*Buenos días*	[bwénos días]
Bonjour (l'après-midi)	*Buenas tardes*	[bwénas tárdes]
Bonsoir	*Buenas tardes*	[bwénas tárdes]
Bonne nuit	*Buenas noches*	[bwénas nótches]
Salut	*¡Adiós!*	[adiós]
Au revoir	*Hasta la vista/Hasta luego*	[ásta la vísta | ásta lwégo]
Merci	*Gracias*	[grásias]
Merci beaucoup	*Muchas gracias*	[moútchas grásias]
S'il vous plaît	*Por favor*	[por fabór]
Je vous en prie/ de rien.	*Se lo ruego/de nada/ por nada.*	[se lo rwégo | de náda | por náda].
Comment allez-vous?	*¿Cómo está usted?/ ¿Qué tal?*	[kómo está ousté | ke tál]

Très bien, et vous?	*Muy bien, ¿y usted?*	[mwí bién i ousté]
Très bien, merci.	*Muy bien, gracias.*	[mwí bién grásias]
Où se trouve...?	*¿Dónde se encuentra...?*	[dónde se: nkwéntra]
Où se trouve l'hôtel...?	*¿Dónde se encuentra el hotel...?*	[dónde se: nkwéntra el otél]
Est-ce qu'il y a...?	*¿Hay...?*	[ái]
Est-ce loin d'ici?	*¿Está lejos de aquí?*	[está léHos de akí]
Est-ce près d'ici?	*¿Está cerca de aquí?*	[está sérka de akí]
arrière	*de atrás*	[de atrás]
en bas	*abajo*	[abáHo]
à côté de	*al lado de*	[alládo de]
derrière	*detrás de*	[detrás de]
dessous/sous/ en dessous de	*debajo/bajo/por debajo de*	[debáHo | báHo | por debáHo de]
dessus/sur/ au-dessus de	*encima/sobre/por encima de*	[ensíma | sóbre | por ensíma de]
devant	*delante*	[delánte]
à droite	*a la derecha*	[a la derétcha]
tout droit	*derecho/derechito*	[derétcho | deretchíto]
à l'est	*al este*	[al éste]
en face de	*enfrente de*	[enfrénte de]
fermé	*cerrado*	[serádo]
à gauche	*a la izquierda*	[a la iskiérda]
en haut	*arriba*	[aríba]
ici	*aquí*	[akí]
là	*ahí*	[aí]

loin	*lejos*	[léHos]
au nord	*al norte*	[al nórte]
à l'ouest	*al oeste*	[al oéste]
ouvert	*abierto*	[abiérto]
près de	*cerca de*	[sérka de]
au sud	*al sur*	[al soúr]
aussi	*también*	[también]
avec	*con*	[kón]
beaucoup	*mucho*	[moútcho]
peu	*poco*	[póko]
quand	*cuándo*	[kwándo]
sans	*sin*	[sín]
souvent	*a menudo*	[a menoúdo]
de temps à autre	*de tiempo en tiempo*	[de tiémpo en tiémpo]
très	*muy*	[mwí]
Excusez-moi, je ne comprends pas.	*Discúlpeme, no comprendo.*	[discúlpeme no kompréndo]
Pouvez-vous parler plus lentement, s'il vous plaît?	*¿Puede usted hablar más lentamente, por favor?*	[pwéde ousté ablár más léntaménte por fabór]
Pouvez-vous répéter, s'il vous plaît?	*¿Puede usted repetir, por favor?*	[pwéde ousté repetír por fabór]
Parlez-vous français?	*¿Habla usted francés?*	[ábla ousté fransés]
Je ne parle pas l'espagnol.	*Yo no hablo español.*	[yo no áblo espagnól]
Je parle un peu l'espagnol.	*Hablo un poco español.*	[áblo oun póko espágnol]

Français	Español	Prononciation
Y a-t-il quelqu'un ici qui parle français?	*¿Hay alguien aquí que hable francés?*	[ai algien akí ke áble fransés]
Y a-t-il quelqu'un ici qui parle anglais?	*¿Hay alguien aquí que hable inglés?*	[ai algien akí ke áble inglés]
Est-ce que vous pouvez me l'écrire?	*¿Puede usted escribírmelo?*	[pwéde ousté eskribírmelo]
Qu'est-ce que cela veut dire?	*¿Qué quiere decir eso?*	[ke kiére desír éso]
Que veut dire le mot...?	*¿Qué quiere decir la palabra...?*	[ke kiére desír la palábra]
Je comprends.	*Comprendo.*	[kompréndo]
Je ne comprends pas.	*No comprendo.*	[no kompréndo]
Comprenez-vous?	*¿Comprende usted?*	[kompréde ousté]
En français, on dit...	*En francés se dice...*	[en fransés se díse]
En anglais, on dit...	*En inglés se dice...*	[en inglés se díse]
Pouvez-vous me l'indiquer dans le livre?	*¿Puede usted indicármelo en el libro?*	[pwéde ousté indikármelo en el líbro]
Est-ce qu'il y a...?	*¿hay...?*	[ai]
Puis-je avoir...?	*¿Puedo darme...?*	[pwédo dárme]
Je voudrais avoir...	*Desearía tener...*	[desearía tenér]
Je ne sais pas.	*Yo no sé.*	[yo no sé]

NOMBRES
NÚMEROS

Français	Español	Prononciation
zéro	*cero*	[séro]
un/e	*uno/una*	[oúno | oúna]
deux	*dos*	[dós]

trois	*tres*	[trés]
quatre	*cuatro*	[kwátro]
cinq	*cinco*	[sínko]
six	*seis*	[séis]
sept	*siete*	[siéte]
huit	*ocho*	[ótcho]
neuf	*nueve*	[nwébe]
dix	*diez*	[diés]
onze	*once*	[ónse]
douze	*doce*	[dóse]
treize	*trece*	[trése]
quatorze	*catorce*	[katórse]
quinze	*quince*	[kínse]
seize	*dieciséis*	[diesiséis]
dix-sept	*diecisiete*	[diesisiéte]
dix-huit	*dieciocho*	[diesiótcho]
dix-neuf	*diecinueve*	[diesinwébe]
vingt	*veinte*	[béinte]
vingt et un	*veintiuno*	[beintioúno]
vingt-deux	*veintidós*	[beintidós]
trente	*treinta*	[tréinta]
trente et un	*treinta y uno*	[treintaioúno]
trente-deux	*treinta y dos*	[treintaidós]
quarante	*cuarenta*	[kwarénta]
quarante et un	*cuarenta y uno*	[kwarentaioúno]
cinquante	*cincuenta*	[sinkwénta]

soixante	*sesenta*	[sesénta]
soixante-dix	*setenta*	[seténta]
quatre-vingt	*ochenta*	[otchénta]
quatre-vingt-dix	*noventa*	[nobénta]
cent	*cien/ciento*	[sién	siénto]
deux cents	*doscientos*	[dosiéntos]
deux cent quarante-deux	*doscientos cuarenta y dos*	[dosiéntos kwarentaidos]
cinq cents	*quinientos*	[kiniéntos]
mille	*mil*	[míl]
dix mille	*diez mil*	[diés míl]
un million	*un millón*	[oun miyón]

Pour les nombres de 31 à 99, sauf les dizaines, on doit ajouter au nombre en question *y* + *uno, dos, tres,* etc.

Nombres ordinaux – *Números ordinales*

premier	*primero*	[priméro]
deuxième	*segundo*	[segoúndo]
troisième	*tercero*	[terséro]
quatrième	*cuarto*	[kwárto]

Siècles – *Siglos*

XVe siècle	*siglo quince*	[síglo kínse]
XVIe siècle	*siglo dieciséis*	[síglo diesiséis]

XVIIe siècle	*siglo diecisiete*	[síglo diesisiéte]
XVIIIe siècle	*siglo dieciocho*	[síglo diesiótcho]
XIXe siècle	*siglo diecinueve*	[síglo diesinwébe]
XXe siècle	*siglo veinte*	[síglo béinte]
XXIe siècle	*siglo veintiuno*	[síglo béintioúno]
cent ans	*cien años*	[sién ágnos]
deux cents ans	*doscientos años*	[dosiéntos ágnos]

Fractions – *Fracciones*

un quart	*un cuarto*	[oun kwárto]
un tiers	*un tercio*	[oun térsio]
un demi	*un medio*	[oun médio]
trois quarts	*tres cuartos*	[trés kwártos]
tout/e	*todo/a*	[tódo/a]
rien	*nada*	[náda]

Quantités – *Cantidades*

Vous en voulez combien?	*¿Cuánto quiére usted?*	[kwánto kiére ousté]
C'est combien?	*¿Cuánto es?*	[kwánto es]
Pouvez-vous m'en donner...	*¿Puede usted darme...*	[pwéde ousté dárme]
un peu?	*un poco?*	[oun póko]
beaucoup?	*mucho?*	[moútcho]
un peu plus?	*un poco más?*	[oun póko más]

un peu moins?	*un poco menos?*	[oun póko ménos]
c'est suffisant	*es suficiente*	[es soufisiénte]
c'est parfait	*es perfecto*	[es perfékto]
Je voudrais...	*Quisiera...*	[kisiéra]
ceci.	*esto.*	[ésto]
cela.	*eso.*	[éso]
une boîte.	*una caja.*	[oúna káHa]
une bouteille.	*una botella.*	[oúna botéya]
une douzaine.	*una docena.*	[oúna doséna]
un morceau.	*un pedazo.*	[oun pedáso]

Le terme *refresco* s'applique à différents types de boissons selon le pays. Au Mexique, au Venezuela, à Cuba et en République dominicaine, il s'agit d'une boisson gazeuse en bouteille. Par contre, en Colombie, en Argentine, au Pérou, au Guatemala et au El Salvador, le terme *refresco* s'applique à une boisson NON gazeuse, soit de l'eau mélangée à des cristaux à saveur de fruits. Dans ces derniers pays, les boissons gazeuses ont pour nom *gaseosa*. Les jus naturels portent le nom de *jugo natural*, avec « lait » *jugo natural en leche* (jus naturel avec lait) et avec « eau » *jugo natural en agua* (jus naturel avec eau). Ils portent aussi le nom de *agua*, mais on leur accole alors le nom du fruit à partir desquels ils sont fabriqués : *agua de limón* (limonade naturelle).

un pot.	*un tarro.*	[oun tárro]
une tranche.	*una loncha.*	[oúna lóntcha]
100 grammes.	*cien gramos.*	[sién grámos]
un kilo.	*un kilo.*	[oun kílo]

COULEURS
COLORES

blanc/che	*blanco/a*	[blánco/a]
bleu/e	*azul*	[asoúl]
jaune	*amarillo*	[amaríyo]
noir/e	*negro/a*	[négro/a]
rouge	*rojo/a*	[róHo/a]
vert/e	*verde*	[bérde]

HEURE ET TEMPS
HORA Y TIEMPO

Heure – *Hora*

Quelle heure est-il?	*¿Qué hora es?*	[ke óra es]
Il est midi.	*Es mediodía.*	[es mediodía]
Il est une heure.	*Es la una.*	[es la oúna]
Il est deux heures.	*Son las dos.*	[són las dós]
trois heures et demie	*tres y media*	[tresimédia]
quatre heures et quart	*cuatro y cuarto*	[kwátro i kwárto]

cinq heures moins le quart	*cinco menos cuarto*	[sínko ménos kwárto]
six heures cinq	*seis y cinco*	[séisi sínko]
sept heures moins dix	*siete menos diez*	[siéte ménos diés]
Dans un quart d'heure.	*En un cuarto de hora.*	[en oun kwárto de óra]
Dans une demi-heure.	*En media hora.*	[en média óra]
Dans une heure.	*En una hora.*	[en oúna óra]
Dans un instant.	*En un instante/En un momento.*	[en oun istánte | en oun moménto]
Un instant, s'il vous plaît.	*Un momento, por favor.*	[oun moménto por fabór]
Je reviendrai dans une heure.	*Volveré en una hora.*	[bolberé:n oúna óra]
Quand?	*¿Cuándo?*	[kwándo]
après	*después*	[despwés]
avant	*antes*	[ántes]
ensuite	*después*	[despwés]
maintenant	*ahora*	[aóra]
pendant	*mientras*	[miéntras]
plus tard	*más tarde*	[más tárde]
plus tôt	*más temprano*	[más tempráno]
souvent	*a menudo*	[a menoúdo]
de temps à autre	*de tiempo en tiempo*	[de tiémpo en tiémpo]
tout de suite	*enseguida*	[ensegída]

Moments de la journée – *Momentos del día*

après-demain	*pasado mañana*	[pasádo magnána]
cet après-midi	*esta tarde*	[ésta tárde]
l'après-midi	*la tarde*	[la tárde]
aujourd'hui	*hoy*	[ói]
avant-hier	*anteayer*	[ánteayér]
demain	*mañana*	[magnána]
demain après-midi	*mañana por la tarde*	[magnána por la tárde]
demain matin	*mañana por la mañana*	[magnána por la magnána]
demain soir	*mañana por la noche*	[magnána por la nótche]
hier	*ayer*	[ayér]
le jour	*el día*	[el día]
lundi prochain	*el lunes próximo*	[el loúnes próksimo]
ce matin	*esta mañana*	[ésta magnána]
le matin	*la mañana*	[la magnána]
la nuit	*la noche*	[la nótche]
la semaine	*la semana*	[la semána]
la semaine dernière	*la semana pasada*	[la semána pasáda]
la semaine prochaine	*la semana próxima*	[la semána próksima]
ce soir	*esta noche*	[ésta nótche]
la soirée	*la tarde*	[la tárde]

Jours de la semaine – *Días de la semana*

dimanche	*domingo*	[domíngo]
lundi	*lunes*	[loúnes]
mardi	*martes*	[mártes]
mercredi	*miércoles*	[miérkoles]
jeudi	*jueves*	[Hwébes]
vendredi	*viernes*	[biérnes]
samedi	*sábado*	[sábado]
Quel jour sommes-nous?	*¿A qué día estamos?*	[a ké día estámos]
Nous sommes mardi le 15 mai.	*Es martes, 15 de mayo.*	[es mártes kínse de máyo]

Mois – *Meses*

janvier	*enero*	[enéro]
février	*febrero*	[febréro]
mars	*marzo*	[márso]
avril	*abril*	[abríl]
mai	*mayo*	[máyo]
juin	*junio*	[Hoúnio]
juillet	*julio*	[Hoúlio]
août	*agosto*	[agósto]
septembre	*septiembre*	[septiémbre]
octobre	*octubre*	[oktoúbre]
novembre	*noviembre*	[nobiémbre]
décembre	*diciembre*	[disiémbre]

le 1er juin	*el primero de junio*	[el prímero de Hoúnio]
le 10 juin	*el diez de junio*	[el diés de Hoúnio]
le 17 juin	*el diecisiete de junio*	[el diesisiéte de Hoúnio]
le 31 juillet	*el treinta y uno de julio*	[el tréinta i oúno de Hoúlio]
mois	*mes*	[més]
le mois prochain	*el mes próximo*	[el més prósimo]
le mois dernier	*el mes pasado*	[el més pasádo]
l'année	*el año*	[el ágno]
l'année prochaine/ l'an prochain	*el próximo año*	[el próksimo ágno]
l'année passée/l'an dernier	*el año pasado*	[el ágno pasádo]

Saisons – *Estaciones*

l'hiver	*el invierno*	[el inbiérno]
le printemps	*la primavera*	[la primabéra]
l'été	*el verano*	[el beráno]
l'automne	*el otoño*	[el otógno]

PAYS ET NATIONALITÉS
PAISES Y NACIONALIDADES

De quel pays êtes-vous originaire?	*¿Cuál es su país de origen?*	[kwál es sou país de oríhen]
Allemagne	*Alemania*	[alemágnia]

Argentine	*Argentina*	[arhentína]
Belgique	*Bélgica*	[bélhika]
Bolivie	*Bolivia*	[bolíbia]
Brésil	*Brasil*	[brasíl]
Canada	*Canadá*	[kanadá]
Chili	*Chile*	[tchíle]
Colombie	*Colombia*	[kolómbia]
Costa Rica	*Costa Rica*	[kósta ríka]
El Salvador	*El Salvador*	[el salbadór]
Équateur	*Ecuador*	[ekwadór]
Espagne	*España*	[espágna]
États-Unis	*Estados Unidos*	[estádos ounídos]
France	*Francia*	[fránsia]
Guatemala	*Guatemala*	[gwatemála]
Honduras	*Honduras*	[ondoúras]
Italie	*Italia*	[itália]
Mexique	*México*	[méhiko]
Nicaragua	*Nicaragua*	[nikarágwa]
Panamá	*Panamá*	[panamá]
Paraguay	*Paraguay*	[paragwái]
Pérou	*Perú*	[peroú]
Québec	*Quebec*	[kebék]
Suisse	*Suiza*	[swísa]
Uruguay	*Uruguay*	[ourougwáj]
Venezuela	*Venezuela*	[beneswéla]

Quel est le décalage horaire entre... et...?	¿Cuál es la diferencia de horario entre... y...?	[kwál es la diferénsia de orário éntre i]
Je suis...	Soy...	[sói]
Allemand/e	alemán/a	[alemán/a]
Américain/e	americano/a, estadounidense	[amerikáno/a | estado:unidénse]
Argentin/e	argentino/a	[arhentíno/a]
Belge	belga	[bélga]
Bolivien/ne	boliviano/a	[bolibiáno/a]
Brésilien/ne	brasilero/a	[brasiléro/a]
Canadien/ne	canadiense	[kanadiénse]
Colombien/ne	colombiano/a	[kolombiáno/a]
Chilien/ne	chileno/a	[tchiléno/a]
Costaricain/e	costarricense	[kostarisénse]
Équatorien/ne	ecuatoriano/a	[ekwatoriáno/a]
Espagnol/e	español/a	[espagnól/a]
Français/e	francés/francesa	[fransés/a]
Guatémaltèque	guatemalteco/a	[gwatemaltéko/a]
Hondurien/ne	hondureño/a	[ondourégno/a]
Italien/ne	italiano/a	[italiáno/a]
Mexicain/e	mexicano/a	[mehikáno/a]
Nicaraguayen/ne	nicaragüense	[niaragwénse]
Panaméen/ne	panameño/a	[panamégno/a]
Paraguayen/ne	paraguayo/a	[paragwáyo/a]
Péruvien/ne	peruano/a	[perwáno/a]

Québécois/e	*quebequense/ quebequés/ quebequesa*	[kebekénse | kebekés | kebekésa]
Salvadorien/ne	*salvadoreño/a*	[salbadorégno/a]
Suisse	*suizo/a*	[swíso/a]
Uruguayen/ne	*uruguayo/a*	[ourougwáyo/a]
Vénézuélien/ne	*venezolano/a*	[benesoláno/a]

Le mot *boleto* signifie « billet » (peu importe le type) : billet de transport en commun, billet d'avion, billet pour un concert ou pour une représentation quelconque.

FORMALITÉS D'ENTRÉE
FORMALIDADES DE ENTRADA

l'ambassade	*la embajada*	[la embaHáda]
les bagages	*los equipajes*	[los ekipáHes]
la carte de tourisme	*la tarjeta de turismo*	[la tarHéta de tourísmo]
le citoyen	*el ciudadano*	[el sioudadáno]
le consulat	*el consulado*	[el konsouládo]
la douane	*la aduana*	[la:dwana]
l'immigration	*la inmigración*	[la inmigrasión]
le passeport	*el pasaporte*	[el pasapórte]
le sac	*el bolso*	[el bólso]

la valise	*la valija/la maleta*	[la balíHa | la maléta]
le visa	*la visa*	[la bísa]
Votre passeport, s'il vous plaît.	*Su pasaporte, por favor.*	[sou pasapórte por fabór]
Combien de temps allez-vous séjourner au pays?	*¿Cuánto tiempo estará en el país?*	[kwánto tiémpo estará en el país]
Trois jours.	*Tres días.*	[trés días]
Une semaine.	*Una semana.*	[oúna semána]
Un mois.	*Un mes.*	[oun més]
Avez-vous un billet de retour?	*¿Tiene usted un billete/ boleto de vuelta?*	[tiéne ousté oun biyéte | boléto de bwélta]
Quelle sera votre adresse dans le pays?	*¿Cuál será su dirección en el país?*	[kouál será sou direksión en el país]
Voyagez-vous avec des enfants?	*¿Viaja usted con niños?*	[biáHa ousté kon nígnos]
Voici le consentement de sa mère/de son père.	*He aquí el permiso de su madre/de su padre.*	[e akí el permíso de sou mádre | de sou pádre]
Je ne suis qu'en transit.	*Sólo estoy de pasada.*	[sólo estói de pasada]
Je suis en voyage d'affaires.	*Estoy en viaje de negocios.*	[estói en biáHe de negosios]
Je suis en vacances.	*Estoy de vacaciones.*	[estói de bakasiónes]
Pouvez-vous ouvrir votre sac, s'il vous plaît?	*¿Puede usted abrir su bolso, por favor?*	[pwéde ousté abrír sou bólso por fabór]
Je n'ai rien à déclarer.	*Yo no tengo nada que declarar.*	[yo no téngo náda ke deklarár]

SANTÉ
SALUD

l'allergie	*la alergia*	[la:lérhia]
l'ambulance	*la ambulancia*	[la:mboulánsia]
blessé	*herido*	[erído]
cassé	*roto*	[róto]
le comprimé	*la pastilla*	[la pastíya]
le dentiste	*el dentista*	[el dentísta]
désinfecter	*desinfectar*	[desinfektár]
le gynécologue	*el ginecólogo*	[el hinekólogo]
l'hôpital	*el hospital*	[el ospitál]
l'intoxication alimentaire	*la intoxicación alimentaria*	[la:intoksikasión alimentária]
le médecin	*el médico*	[el médiko]
l'opticien	*el óptico*	[el óptiko]
l'ordonnance	*la receta*	[la reséta]
le pansement	*el vendaje*	[el bendáHe]
la pharmacie	*la farmacia*	[la farmásia]
la radiographie/ les rayons X	*la radiografía*	[la radiografía]
la salle d'attente	*la sala de espera*	[la sala de:spéra]
le vaccin	*la vacuna*	[la bakoúna]
l'urgence	*la urgencia*	[la:urhénsia]
J'ai mal ici.	*Tengo un dolor aquí/ Me duele aquí.*	[téngo oun dolór aki | me dwéle aki]

J'ai mal...	*Me duele...*	[me dwéle]
à l'abdomen.	*el abdomen.*	[el abdómen]
aux dents/à la dent.	*los dientes/la muela.*	[los diéntes | la mwéla]
au dos.	*la espalda.*	[la espálda]
à la gorge.	*la garganta.*	[la gargánta]
au pied.	*el pie.*	[el pié]
à la poitrine	*el pecho.*	[el pétcho]
à la tête.	*la cabeza.*	[la kabésa]
au ventre.	*la barriga.*	[la ba*r*íga]
Je suis...	*Soy...*	[sói]
asthmatique.	*asmático/a.*	[asmátiko/a]
enceinte.	*(estoy) embarazada.*	[estói embarasáda]
diabétique.	*diabético/a.*	[diabétiko/a]
épileptique.	*epiléptico/a.*	[epiléptiko/a]
Je suis allergique...	*Soy alérgico/a...*	[sói alérhiko/a]
aux antibiotiques.	*a los antibióticos.*	[a los antibiótikos]
aux piqûres d'abeille.	*a las picaduras de abejas.*	[a las pikadoúras de abéHa]
à la pénicilline.	*a la penicilina.*	[a la penisilína]
Je suis constipé.	*Estoy estreñido/a.*	[estói estregnído/a]
J'ai la diarrhée.	*Tengo diarrea.*	[téngo diá*r*ea]
Je fais de la fièvre.	*Tengo fiebre.*	[téngo fiébre]
Mon enfant fait de la fièvre.	*Mi hijo tiene fiebre.*	[mí:Ho tiéne fiébre]
J'ai la grippe.	*Tengo gripe.*	[téngo grípe]

J'ai vomi plusieurs fois.	*He vomitado varias veces.*	[e bomitádo bárias béses]
Ça me démange.	*Me pica.*	[me píka]
J'ai besoin de voir un médecin.	*Necesito ver a un medico.*	[nesesíto ber a:oun médiko]
Je voudrais prendre un rendez-vous le plus tôt possible.	*Quisiera tomar cita lo antes posible.*	[kisiéra tomár síta lo ántes posible]
Puis-je avoir un reçu pour me faire rembourser?	*¿Me pueden dan un recibo para pedir un reembolso?*	[mé pwéden dár oun resíbo pára pedír oun re:mbólso]
Je voudrais renouveler cette ordonnance.	*Quisiera renovar esta receta.*	[kisiéra renobár ésta reséta]
Avez-vous des médicaments contre...	*¿Tiene medicamentos para...*	[tiéne medikaméntos pára]
le mal de tête?	*el dolor de cabeza?*	[el dolór de kabésa]
la grippe?	*la gripe?*	[la grípe]
la diarrhée?	*la diarrea?*	[la diárea]
Combien de fois par jour?	*¿Cuántas veces al día?*	[kwántas béses al día]
Je voudrais...	*Desearía...*	[desearía]
des anovulants.	*anovulatorios.*	[ànoboulatórios]
du baume pour les lèvres.	*bálsamo labial.*	[bálsamo labiál]
du baume pour les piqûres d'insectes.	*una pomada para las picaduras de insectos.*	[pomáda pára las pikadoúras de inséktos]
un collyre.	*un colirio.*	[oun kolírio]
de la crème solaire.	*una crema para el sol.*	[oúna kréma pára:l sól]

| un insectifuge. | un antiinsectos. | [oun anti:nséktos] |

| un médicament contre la malaria. | un medicamento contra la malaria. | [oun medikaménto kóntra la malária] |

| des préservatifs. | preservativos. | [preserbatíbos] |

| une solution électrolytique/ une solution de réhydratation orale. | sales de rehidratación oral. | [sáles de reidratasión orál] |

| une solution nettoyante/ mouillante pour verres de contact souples/rigides. | una solución para limpiar/mojar los lentes de contacto suaves/rígidos. | [oúna solousión pára limpiár | moHár los léntes de kontákto swábes | *ríhidos]* |

URGENCES ET POLICE
URGENCIAS Y POLICÍA

| Attention! | ¡Cuidado! | [kwidádo] |

| Au feu! | ¡Fuego! | [fwégo] |

| Au secours! | ¡Auxilio! | [aousílio] |

| Police! | ¡Policía! | [polisía] |

| Arrêtez! | ¡Alto! | [álto] |

| Au voleur! | ¡Al ladrón! | [al ladrón] |

| C'est une urgence! | ¡Es urgente! | [es ourhénte] |

| Mon enfant a disparu. | Mi hijo/a ha desaparecido. | [mí:Ho/a a desaparesído] |

| Je suis perdu/égaré. | Me he perdido. | [me:perdído] |

| Pouvez-vous m'aider, s'il vous plaît? | ¿Puede ayudarme, por favor? | [pwéde ayoudárme por fabór] |

Où est l'hôpital?	*¿Dondé está el hospital?*	[dónde está el ospitál]
S'il vous plaît, emmenez-moi à l'hôpital.	*Por favor, lléveme al hospital.*	[por fabór yébeme al ospitál]
Il y a un homme qui me suit depuis un moment.	*Hace un rato que un hombre me está siguiendo.*	[áse oun ráto ké oun ómbre me:stá siguiéndo]
Il a essayé de me voler/de m'agresser.	*Ha intentado robarme/ agredirme.*	[a:intentádo robárme | agredírme]
Pouvez-vous appeler la police/l'ambulance?	*¿Puede usted llamar a la policia/la ambulancia?*	[pwéde ousté yamár a la polisía | l:anbulánsia?]
Où est le poste de police?	*¿Dónde está la comisaría?*	[dónde:stá la komisaría]
Je voudrais porter plainte.	*Desearía poner una denuncia.*	[desearía poner oúna denúnsia]
On m'a agressé.	*Me han agredido.*	[me án agredído]
On m'a violé.	*Me violaron.*	[me bioláron]
On m'a volé.	*Me robaron.*	[me robáron]
On a volé nos bagages dans la voiture.	*Nosrobaron nuestro equipaje del carro.*	[nos robáron nwéstro equipáHe del karo]
On a volé mon portefeuille.	*Me robaron la cartera.*	[me robáron la kartéra]
Ils avaient une arme.	*Tenían un arma.*	[tenían oun árma]
Ils avaient un couteau.	*Tenían un cuchillo.*	[tenían oun koutchíyo]
Ils avaient un pistolet.	*Tenían una pistola.*	[tenían oúna pistóla]
Je voudrais contacter...	*Desearía contactar con...*	[desearía kontaktár kon]
mon ambassade.	*mi embajada.*	[mi:embaHáda]

mon consulat.	*mi consulado.*	[mi konsuládo]
Excusez-moi/Je suis désolé.	*Perdone/lo siento.*	[perdóne | lo siénto]
Je ne savais pas que c'était interdit.	*No sabía que estaba prohibido.*	[no sabía ke:stába proibído]
Je suis innocent.	*Soy inocente.*	[sói inosénte]
Vous êtes accusé/e…	*está acusado/a*	[está akusádo/a]
d'excès de vitesse.	*de exceso de velocidad.*	[de:kséso de belosidá]
de vol.	*de robo.*	[de *r*óbo]
de possession de substances illégales.	*de posesión de sustancias ilegales.*	[de posesión de sustánsias ilegáles]

> Le long des autoroutes, vous verrez inscrit sur les panneaux indicateurs le mot *cuota* ou *libre* après le nom de la ville. Le mot *cuota* indique une route à péage, alors que le mot *libre* signifie une route sans péage, généralement plus longue et sinueuse, et dont le pavé est parfois en mauvais état. Aux postes de péage, on remet le change et vous pourrez souvent payer avec une carte de crédit.

ARGENT
DINERO

la banque	*el banco*	[el bánko]
le bureau de change	*la oficina de cambio*	[la ofisína de kámbio]
la commission	*la comisión*	[la komisión]

le dollar américain	*el dólar americano*	[el dólar amerikáno]
le dollar canadien	*el dólar canadiense*	[el dólar kanadiénse]
l'euro	*el euro*	[el éouro]
le franc suisse	*el franco suizo*	[el fránko swíso]
Quel est le taux de change pour le dollar canadien?	*¿Cuál es el cambio para el dólar canadiense?*	[kwál es el kámbio pára el dólar kanadiénse]
À combien s'élève la commission?	*¿De cuánto es la comisión?*	[de kwánto es la komisión]
Je voudrais changer des dollars américains/canadiens.	*Quisiera cambiar dólares americanos/canadienses.*	[kisiéra kambiár dólares amerikános | kanadiénses]
Je voudrais changer/encaisser des chèques de voyage.	*Quisiera cambiar cheques de viaje.*	[kisiéra kambiár tchékes de biáHe]
Je voudrais obtenir une avance de fonds sur ma carte de crédit.	*Quisiera un avance de fondos de mi tarjeta de crédito.*	[kisiéra oun abánse de fóndos de mi tarHéta de krédito]
Où peut-on trouver un guichet automatique/un distributeur de billets?	*¿Dónde se puede encontrar un cajero automático?*	[dónde se pwéde:nkontrár oun kaHéro aoutomátiko]

POSTE ET TÉLÉPHONE
CORREO Y TELÉFONO

la carte de téléphone	*la tarjeta de teléfono*	[la tarHéta de teléfono]
le colis	*el paquete*	[el pakéte]
le courrier rapide	*el correo rápido*	[el koréo rápido]

l'enveloppe	*el sobre*	[el sóbre]
le numéro de téléphone	*el número de teléfono*	[el noúmero de teléfono]
par avion	*por avión*	[por abión]
le message	*el mensaje*	[el mensáHe]
le poids	*el peso*	[el péso]
occupée (ligne)	*comunicando*	[komounikándo]
les timbres	*los sellos/ las estampillas*	[lo séyos | las estanpiyas]
Où se trouve le bureau de poste?	*¿Dónde se encuentra la oficina de correos?*	[dónde se:nkwéntra la ofisína de koréos]
Combien coûte l'affranchissement d'une carte postale pour le Canada/la France?	*¿Cuánto cuesta un sello para una tarjeta postal a Canadá/Francia?*	[kwánto kwésta oun séyo pára oúna tarHéta postál a kanadá | fránsia]
Combien coûte l'affranchissement d'une lettre pour le Canada/la France?	*¿Cuánto cuesta un sello para una carta a Canadá/Francia?*	[kwánto kwésta oun séyo pára oúna kárta a kanadá | fránsia]
Je voudrais envoyer un colis.	*Desearía enviar un paquete.*	[desearía enbiár oun pakéte]
Je voudrais acheter des timbres.	*Desearía comprar sellos.*	[desearía komprár séyos]
Où est la poste restante?	*¿Dónde está el apartado postal?*	[dónde está el apartádo postál]
Où se trouve le bureau des téléphones?	*¿Dónde está la oficina de teléfonos?*	[dónde está la ofisína de teléfonos]
Où se trouve la cabine téléphonique la plus près?	*¿Dónde está la cabina de teléfono más cercana?*	[dónde está la kabína de teléfono mas serkána]

Que faut-il faire pour faire un appel local?	*¿Cómo se puede hacer una llamada local?*	[kómo se pwéde asér oúna yamáda lokál]
Quel est votre numéro de téléphone?	*¿Cuál es su número de teléfono?*	[kwál es su noúmero de teléfono]
Que faut-il faire pour appeler au Canada?	*¿Cómo se puede hacer una llamada a Canadá?*	[kómo se pwéde asér oúna yamáda a kanadá]
Je voudrais acheter une carte de téléphone.	*Quisiera comprar una tarjeta de teléfono.*	[kisiéra komprár oúna tarHéta de teléfono]
J'aimerais avoir de la monnaie pour téléphoner.	*Desearía tener monedas/cambio para hacer una llamada.*	[desearía tenér monédas | kambio pára asér oúna yamáda]
Comment les appels sont-ils facturés à l'hôtel?	*¿Cómo se facturan las llamadas en el hotel?*	[kómo se faktoúran las yamádas en el otél]
J'appelle Canada Direct, c'est un appel sans frais.	*Llamo a "Canada Direct", es una llamada sin costo.*	[yámo a kanadá dirék es oúna yamáda sin kósto]
Quel est l'indicatif régional pour...?	*¿Cuál es el prefijo/ código de país para...?*	[kwál es el prefího | kódigo de país pára]
La ligne est occupée.	*La linea está ocupada/ comunica.*	[la línia está okupáda | komuníka]
La ligne a été coupée.	*La linea se ha cortado.*	[la línia se a kortádo]
La ligne est mauvaise.	*La linea es mala.*	[la línia es mála]
Pourriez-vous signaler à nouveau?	*¿Podría marcar otra vez?*	[podría markár otra bes]
Bonjour, je m'appelle...	*Hola, me llamo...*	[óla, me yámo]
Est-ce que je pourrais parler à...?	*¿Podría hablar con...?*	[podría:blár kón]

| Je souhaite laisser un message pour... | *Desearía dejar un mensaje para...* | [desearía dehár oun mensáHe pára] |
| Je rappellerai plus tard. | *Llamaré más tarde.* | [yamaré más tárde] |

Téléphone portable – *Teléfono celular*

le téléphone portable	*el teléfono celular*	[el teléfono seloulár]
le téléphone prépayé	*el teléfono de prepago*	[el teléfono de prepágo]
Où pourrais-je acheter une carte de téléphone?	*¿Dónde puedo comprar una tarjeta de teléfono?*	[dónde pwédo komprár oúna tarHéta de teléfono]
Je voudrais louer un téléphone portable.	*Desearía alquilar/ rentar un teléfono celular.*	[desearía alkilár | rentár oun teléfono seloulár]
Je voudrais acheter un téléphone prépayé.	*Desearía comprar un teléfono de prepago.*	[desearía komprár oun teléfono de prepágo]
Je voudrais acheter une carte SIM.	*Desearía comprar una trajeta SIM.*	[desearía komprár oúna tarHéta sim]
Je voudrais recharger ma carte de téléphone.	*Desearía recargar mi tarjeta de teléfono.*	[desearía recargár mi tarHéta de teléfono]
Quels sont les tarifs à la minute?	*¿Cuál es la tarifa por minute?*	[kwál es la tarífa por minoúto]

Internet – *Internet*

| Je voudrais acheter une clé USB. | *Quisiera comprar una memoria USB.* | [kisiéra komprár oúna memória wesebé] |
| Où se trouve le café/ poste Internet le plus proche? | *¿Dónde está el café internet más cercano?* | [dónde está el kafé interné más serkáno] |

Je voudrais me connecter à Internet.	*Desearía conectarme a internet.*	[desearía konectárme a interné]
Je voudrais utiliser...	*Desearía utilizar...*	[desearía outilisár]
une imprimante.	*una impresora.*	[oúna impresóra]
un scanner.	*un escáner.*	[oun eskáner]
un ordinateur.	*una computadora.*	[oúna komputadóra]
Quel est le tarif...	*¿Cuál es la tarifa...*	[kwál es la tarífa]
pour une heure?	*por hora?*	[por óra]
pour une page?	*por página?*	[por páhina]
Puis-je me connecter au réseau Wi-Fi?	*¿Puedo conectarme a la red Wi-Fi?*	[pwédo konectárme a la red wífi]
Quel est le mot de passe pour se connecter à votre réseau Wi-Fi?	*¿Cuál es la contraseña para conectarse a su red Wi-Fi?*	[kwál es la kontraségna pára konektárse a su red wífi]
Peut-on téléphoner par Internet/Skype ici?	*¿Se puede hacer una llamada por Internet/ skype aquí?*	[se pwéde asér oúna yamáda por intené | eskáip akí]
Pouvez-vous écrire le mot de passe?	*¿Podría escribir la contraseña?*	[podría eskribír la kontraségna]
J'ai un problème avec l'ordinateur.	*Tengo un problema con la computadora.*	[téngo oun probléma kón la komputadóra]
J'ai terminé.	*He terminado.*	[e terminádo]
Je voudrais envoyer un courrier électronique/mail.	*Desearía enviar un correo electrónico/mail.*	[desearía enbíar oun koréo elektróniko | méil]
Avez-vous reçu mon courrier électronique/mail?	*¿Ha recibido usted mi correo electrónico/ mail?*	[a resibído ousté mi koréo elektrónico | méil]

ÉLECTRICITÉ
ELECTRICIDAD

Où puis-je brancher mon rasoir?
¿Dónde puedo conectar mi máquina de afeitar?
[dónde pwédo konektár mi mákina de aféitar]

L'alimentation est-elle de 220 volts?
¿La corriente es de 220 voltios?
[la koriénte es de dosiéntos béinte boltios]

La lampe ne fonctionne pas.
La lámpara no funciona.
[la lámpara no founsióna]

Je voudrais une nouvelle pile pour...
Quisiera una pila nueva para...
[kisiéra oúna píla nwéba pára]

Où puis-je trouver des piles pour mon réveil?
¿Dónde puedo comprar pilas para mi despertador?
[dónde pwédo komprár pílas pára mi despertadór]

Est-ce que je peux brancher mon ordinateur ici?
¿Puedo conectar mi computadora aquí?
[pwédo konectár mi komputadóra akí]

Où puis-je recharger...
¿Dónde puedo cargar...
[dónde pwédo kargár]

mon téléphone cellulaire?
mi teléfono celular?
[mi teléfono selulár]

mon baladeur numérique?
mi reproductor de mp3?
[mi reproduktór de:mepetrés]

ma tablette?
mi tableta?
[mi tabléta]

ma liseuse?
mi libro electrónico?
[mi líbro elektróniko]

MÉTÉO
TIEMPO

ensoleillé
soleado
[soleádo]

la neige
la nieve
[la niébe]

nuageux	*nublado*	[noubládo]
la pluie	*la lluvia*	[la yoúbia]
pluvieux	*lluvioso*	[youbióso]
le soleil	*el sol*	[el sól]
le vent	*el viento*	[el biénto]
Il fait chaud.	*Hace calor.*	[áse kalór]
Il fait froid.	*Hace frío.*	[áse frío]
Est-ce qu'il pleut?	*¿Llueve?*	[ywébe]
Prévoit-on de la pluie aujourd'hui?	*¿Hay probabilidad de lluvia para hoy?*	[ái probabilidá de yoúbia pára ói]
Quel temps fera-t-il aujourd'hui?	*¿Qué tiempo hará hoy?*	[ke tiémpo ará ói]
Comme il fait beau!	*¡Qué buen tiempo hace!*	[ke bwén tiémpo áse]
Comme il fait mauvais!	*¡Qué mal tiempo!*	[ke mal tiémpo]

FÊTES ET FESTIVALS
FIESTAS Y FESTIVALES

le jour de Noël	*el día de Navidad*	[el día de navidá]
le jour de l'An	*el Año Nuevo*	[el ágno nwébo]
le jour de l'Épiphanie	*el día de Reyes*	[el día de réyes]
le Mardi gras	*el Martes de Carnaval*	[el karnabál]
le Vendredi saint	*el Viernes Santo*	[el biérnes sánto]
la Semaine sainte	*la Semana Santa*	[la semána sánta]

le jour de Pâques	*el día de Pascua*	[el día de páskwa]
la fête nationale	*la fiesta nacional*	[la fiésta nasionál]
la fête du Travail	*la fiesta del Trabajo*	[la fiésta del trabáHo]
la Saint-Jean-Baptiste	*el día de San Juan Bautista*	[el día de san Hwán baoutísta]
le jour de la Race	*el Día de la Raza*	[el día de la rása]
la Toussaint	*el Día de Todos los Santos*	[el día de tódos los sántos]
le jour des Morts	*el Día de Muertos*	[el día de mwértos]
la fête de la Vierge de Guadalupe	*la fiesta de la Virgen de Guadalupe*	[la fiésta de la bírhen de gwadaloúpe]
le jour ouvrable	*el día laborable*	[el día laboráble]
le jour férié	*el día festivo*	[el día festíbo]

Une vieille voiture américaine de La Havane, à Cuba.
© iStockphoto.com/ArtMarie

TRANSPORTS

BILLETS
BILLETES

1re classe	*primera clase*	[priméra cláse]
2e classe	*segunda clase*	[segoúnda cláse]
l'air conditionné	*el aire acondicionado*	[el áire akondisionádo]
un aller-retour	*una ida y vuelta*	[oúna ída i bwélta]
un aller simple	*una ida simple*	[oúna ída símple]
annuler	*anular*	[anoulár]
un billet	*un billete/tíquet/boleto*	[oun biyéte | tíket | boléto]
changer	*cambiar*	[kambiár]
la classe économique	*la clase económica*	[la cláse ekonómika]
confirmer	*confirmar*	[konfirmár]
le départ	*la salida*	[la salída]
le dernier	*el último*	[el oúltimo]
direct	*directo*	[dirékto]
une place numérotée	*un asiento numerado*	[oun asiénto noumerádo]
le premier	*el primero*	[el priméro]
le prochain	*el próximo*	[el próksimo]
réserver	*reservar*	[*r*eserbár]
un siège réservé	*un asiento reservado*	[oun asiénto reserbádo]

Où peut-on acheter les billets?	*¿Dónde se pueden comprar los billetes/ tíquetes/boletos?*	[dónde se pwéden komprár los biyétes | tíketes | bolétos]
Quel est le prix du billet?	*¿Cuánto vale el billete/ el tíquet/boleto?*	[kwánto bále:l biyéte | el tíket | boléto]
À quelle heure est le prochain départ?	*¿A qué hora es la próxima salida?*	[a ké óra es la próksima salída]
Je voudrais confirmer ma réservation.	*Desearía confirmar mi reserva.*	[desearía konfirmár mi resérba]
Quel est le tarif pour...?	*¿Cuánto cuesta el billete para...?*	[kwánto kwésta el biyéte pára]
Quel est l'horaire pour...?	*¿Cuál es el horario para...?*	[kwál es el orário pára]
Y a-t-il un tarif pour enfants?	*¿Hay un precio para niños?*	[ái un présio pára nígnos]
Je voudrais une place côté fenêtre/couloir.	*Desearía/quisiera/ querría un asiento en ventana/pasillo.*	[desaría I kisiéra I kería oun asiénto en bentána | pasíyo]
Je voudrais un billet pour...	*Desearía un billete para...*	[desearía oun biyéte para]
Est-ce direct?	*¿es directo?*	[es dirékto]
Y a-t-il une toilette à bord?	*¿Hay baño a bordo?*	[ai bágno a bórdo]
Y a-t-il une couchette à bord?	*¿Hay literas a bordo?*	[ái litéras a bórdo]
Les sièges sont-ils inclinables?	*¿Los asientos son reclinables?*	[los asiéntos son reklinábles]
Est-ce que le café est servi à bord?	*¿Se sirve café abordo?*	[se sírbe kafé a bórdo]
Un repas léger est-il servi à bord?	*¿Se sirve una comida ligera abordo?*	[se sírbe oúna komída lihéra a bórdo]

Le repas est-il inclus dans le prix du billet?

¿La comida está incluida en el precio del billete/boleto?

[la komída está inklwída en el présio del biyéte | boléto]

À quelle heure est l'embarquement?

¿Cuál es la hora de embarque?

[kwál es la óra de:mbárke]

Combien faut-il payer?

¿Cuánto cuesta?

[kwánto kwésta]

Excusez-moi, vous occupez ma place.

Discúlpeme, usted ocupa mi asiento.

[diskoúlpeme ousté okoúpa mi asiénto]

BAGAGES
EQUIPAJE

les bagages — *el equipaje* — [el ekipáHe]

les bagages à main/ les bagages de cabine — *el equipaje de mano/ de cabina* — [el ekipáHe de máno | de kabína]

le carrousel à bagages — *la cinta de recogida de equipaje* — [la sínta de **r**ekohída de:kipáHe]

la consigne à bagages — *la consigna de equipaje* — [la konsígna de:qipáHe]

l'enregistrement des bagages — *la facturación de equipaje* — [la fakturasión de:kipáHe]

la valise — *la maleta* — [la maléta]

Où met-on les bagages? — *¿Dónde ponemos el equipaje?* — [dónde ponémos el ekipáHe]

Je voudrais déposer mes bagages en consigne. — *Desearía dejar mi equipaje en consigna.* — [desearía deHár mi ekipáHe:n konsígna]

Une valise et un bagage à main. — *Una maleta y un equipaje de mano.* — [oúna maléta i oun ekipáHe de máno]

J'ai perdu une valise.	*He perdido una maleta.*	[e perdído oúna maléta]
J'ai perdu mes bagages.	*He perdido mi equipaje.*	[e perdído mi ekipáHe]
Je n'ai pas encore eu mes bagages.	*Todavía no he recibido mi equipaje.*	[todabía no e resibído mi ekipáHe]

AVION
AVIÓN

l'aérogare	*la terminal*	[la terminál]
l'aéroport	*el aeropuerto*	[el aeropuérto]
l'arrivée	*la llegada*	[la yegáda]
l'avion	*el avión*	[el abión]
la carte d'embarquement	*la tarjeta de embarque*	[la tarHéta de:mbárke]
la compagnie aérienne	*la compañía aérea*	[la kompagnía: aérea]
le départ	*la salida*	[la salída]
l'embarquement (immédiat)	*el embarque (inmediato)*	[el embárke (imediáto)]
le mal de l'air	*el mareo*	[el maréo]
la navette	*la lanzadera*	[la lansadera]
la porte d'embarquement	*la puerta de embarque*	[la pwérta de: mbárke]
le retard	*el retraso/la demora*	[el retráso | la demóra]
retardé	*retrasado/demorado*	[retrasádo | demorádo]

la salle d'embarquement	*la sala de embarque*	[la sála de:mbárke]
le vol de correspondance	*vuelo de enlace*	[bwélo de:nláse]
le vol intérieur	*el vuelo anterior*	[el bwélo anteriór]
Je suis arrivé sur le vol n°... de...	*Llegué en el vuelo nº... de...*	[yegué:nel bwélo noúmero de]
Le vol est annulé.	*El vuelo está cancelado.*	[el bwélo está kanseládo]
Où est le comptoir d'enregistrement de la compagnie aérienne...?	*¿Dónde está el mostrador de facturación de la compañía aérea...?*	[dónde está el mostradór de fakturasión de la compagnía:érea]
Est-ce qu'on peut réserver une chambre d'hôtel depuis l'aéroport?	*¿Se puede reservar una habitación de hotel desde el aeropuerto?*	[se pwéde reserbár oúna:bitasión de otél désde:l aeropwérto]
Y a-t-il un hôtel à l'aéroport?	*¿Hay un hotel en el aeropuerto?*	[ái oun otél en el aeropwérto]
Où peut-on changer de l'argent?	*¿Dónde se puede cambiar dinero?*	[dónde se pwéde kambiár dinéro]
Où sont les bureaux de...?	*¿Dónde se encuentran las oficinas de...?*	[dónde se:nkwéntran las ofisínas de]

BATEAU
BARCO

le bateau	*el barco*	[el bárko]
la cabine	*el camarote*	[el kamaróte]
le hublot	*el ojo de buey/la ventana*	[el:óho de bwéi | la bentána]

la navette maritime	*la lanzadera marítima*	[la lansadéra marítima]
le traversier	*el transbordador*	[el trasbordadór]
Combien de temps dure la traversée?	*¿Cuánto dura la travesía?*	[kwánto doúra la trabesía]
J'ai le mal de mer.	*Estoy mareado/a.*	[estói mareádo/a]

BUS
BUS

l'arrêt de bus	*la parada de autobús*	[la paráda de aoutoboús]
l'autobus/le bus	*el autobús/el bus/el camión (Mexique)/la guagua (Cuba)*	[el aoutoboús | el boús | el kamión | la gwágwá]
l'autocar	*el autocar*	[el aoutokár]
la gare routière/ la gare d'autocars	*la terminal/la estación de bus*	[la terminál | la estasión de boús]
Y a-t-il un bus qui se rend au centre-ville?	*¿Hay un autobús que va al centro de la ciudad?*	[ái un aoutoboús ke bá:l séntro de la sioudá]
Où le prend-on?	*¿Dónde se toma?*	[dónde se tóma]
Combien de temps faut-il pour se rendre...	*¿Cuánto tiempo se necesita para ir...*	[kwánto tiémpo se nesesíta pára ir]
à l'aéroport?	*al aeropuerto?*	[al aeropwérto]
au centre-ville?	*al centro de la ciudad?*	[al séntro de la sioudá]
Est-ce que ce bus va à...?	*¿Ese bus va a...?*	[ése boús ba:]

À quelle heure arrive le bus de...? | ¿A qué hora llega el bus de...? | [a ke óra yéga el boús de]

Cette place est-elle libre? | ¿Está libre este asiento? | [está líbre:ste asiénto]

Pouvez-vous m'avertir quand nous arriverons à...? | ¿Podría avisarme cuando lleguemos a...? | [podría abisárme kwando yegémos a]

Je veux descendre ici. | Quisiera bajar aquí. | [kisiéra bahár akí]

MÉTRO
METRO

la correspondance | *un cambio* | [oun kámbio]

la direction | *la dirección* | [la direksión]

le métro | *el metro* | [el métro]

la station | *la estación* | [la estasión]

Quelle est la station la plus proche? | *¿Cuál es la estación más cercana?* | [kwál es la estasión más serkána]

Combien coûte un ticket? | *¿Cuánto cuesta un billete/un boleto?* | [kwánto kwésta oun biyéte | oun boléto]

Y a-t-il des carnets de tickets? | *¿Hay talonarios de billetes/boletos?* | [ái talonários de biyétes | bolétos]

Y a-t-il des cartes pour la journée/la semaine? | *¿Hay tarjetas para un día/una semana?* | [ái tarHétas pára oun día | oúna semána]

Quelle direction faut-il prendre pour aller à...? | *¿Qué dirección hay que tomar para ir a...?* | [ke direksión ái que tomár pára ir a]

Est-ce qu'il faut prendre une correspondance?	*¿Hay que hacer un transbordo/un cambio de…?*	[ái ke asér oun trasbórdo | oun kámbio de]
Avez-vous un plan du métro?	*¿Tiene usted un plano del metro?*	[tiéne ousté oun pláno del métro]
À quelle heure est le premier métro?	*¿A qué hora sale el primer metro?*	[a ké óra sále:l primér métro]
À quelle est le dernier métro?	*¿A qué hora es el último metro?*	[a ke óra es el oúltimo métro]

TAXI
TAXI

l'adresse	*la dirección*	[la direksión]
conduire	*conducir/manejar*	[kondousír | maneHár]
le taxi	*el taxi*	[el táksi]
le taximètre	*el taxímetro*	[el taksímetro]
le trajet	*el trayecto*	[el trayékto]
Où prend-on le taxi?	*¿Dónde se toma el taxi?*	[dónde se tóma:l táksi]
Combien coûte le trajet pour…?	*¿Cuánto cuesta el trayecto para ir a…?*	[kwánto kwésta el trayékto pára ir a]
Je voudrais un taxi maintenant/ demain/à 10h.	*Desearía un taxi ahora/ mañana/a las 10h.*	[desearía oun táksi aóra | magnána | a las dies]
Pouvez-vous me conduire à cette adresse?	*¿Podría llevarme a esta dirección?*	[podría yebárme a ésta direksión]

Utilisez le taximètre, s'il vous plaît. | *Encienda el taxímetro, por favor.* | [ensiénda el taksímetro por fabór]

Utilisez le taximètre, s'il vous plaît.	*Encienda el taxímetro, por favor.*	[ensiénda el taksímetro por fabór]
Pouvez-vous m'attendre ici?	*¿Podría esperarme aquí?*	[podría esperárme akí]
Arrêtez-vous ici.	*Pare aquí.*	[pare akí]
au coin	*en la esquina*	[en la eskína]
au prochain feu de circulation	*en el próximo semáforo*	[en el próksimo semáforo]

TRAIN
TREN

la cabine	*el vagón*	[el bagón]
la couchette	*la litera/la cama*	[la litéra I la káma]
la gare ferroviare	*la estación de trenes*	[la estasión de trénes]
le quai	*el andén*	[el andén]
le train	*el tren*	[el trén]
le wagon-lit	*el coche cama*	[el kótche káma]
le wagon-restaurant	*el vagón-restaurante*	[el bagón restaouránte]
À quelle heure part le train pour...?	*¿A qué hora sale el tren para...?*	[a ke óra sále:l trén pára]
De quel quai part le train pour...?	*¿De cuál andén sale el tren para...?*	[de kwál andén sále:l trén pára]
À quelle gare sommes-nous?	*¿En qué estación estamos?*	[en ké estasión estámos]
Est-ce que le train s'arrête à...?	*¿El tren para en...?*	[el trén pára en]

VOITURE
CARRO/AUTO/COCHE

Conduite automobile – *Conducción*

l'arrêt	*el stop/alto*	[el estóp | álto]
l'autoroute	*la autopista*	[la:outopísta]
l'autoroute à péage	*la autopista de peaje*	[la:outopísta de peáHe]
avancer	*avanzar*	[abansár]
l'avenue	*la avenida*	[la:benída]
le boulevard	*el bulevar*	[el boulebár]
le canal	*el canal*	[el kanál]
le carrefour	*el cruce/la intersección*	[el kroúse | la interseksión]
le carrefour giratoire	*la rotonda*	[la rotónda]
cédez le passage	*ceda el paso*	[séda el páso]
continuer	*continuar*	[kontinwár]
danger	*peligro*	[pelígro]
dépassement interdit	*prohibido adelantar*	[proibído adelantár]
le dos-d'âne	*el reductor de velocidad/el tope/el lomo de burro/el lomo de toro*	[el redouktór de belosidá | el tópe |el lómo de boúro| el lómo de tóro]
à droite	*a la derecha*	[a la derétcha]
l'entrée	*la entrada*	[la entráda]
aux feux de circulation	*a las señales de tránsito*	[a las segnáles de tránsito]
les feux de circulation	*las señales de tránsito/semáforos*	[las segnáles de tránsito | semáforos]

le feu jaune	*la luz amarilla*	[la loús amaríya]
le feu rouge	*la luz roja*	[la loús róHa]
le feu vert	*la luz verde*	[la loús bérde]
à gauche	*a la izquierda*	[a la iskiérda]
ici	*aquí*	[akí]
là	*ahí/allí*	[aí | ayí]
le poste de contrôle	*el puesto de control*	[el pwésto de kontról]
le poste frontalier	*el puesto fronterizo*	[el pwésto fronteríso]
prendre à gauche	*girar a la izquierda*	[hirár a la iskiérda]
ralentir	*disminuir la velocidad/aminorar*	[dihminoúir la velosidá | aminorár]
reculer	*retroceder*	[retrosedér]
route non revêtue	*carretera sin asfaltar*	[karetéra sin asfaltár]
la rue	*la calle*	[la káye]
la ruelle	*la callejuela*	[la kayehuéla]
la rue piétonne	*la calle peatonal*	[la káye peatonál]
sens interdit	*sentido prohibido/ dirección prohibida*	[sentído proibído | direksión proibída]
sens unique	*sentido único/en una sola dirección*	[sentído oúniko | en oúna sóla direksión]
la sortie	*la salida*	[la salída]
le stationnement	*el estacionamiento/el aparcamiento*	[el estasionamiénto | el aparkamiénto]
stationnement interdit	*prohibido estacionar/ aparcar*	[proibído estasionár | aparkár]
la station-service	*la gasolinera*	[la gasolinéra]
tourner à droite	*girar a la derecha*	[hirár:a la derétcha]

tout droit	*derecho/derechito*	[derétcho | deretchíto]
les travaux	*las obras*	[las óbras]
la voie	*la vía*	[la bía]
la voiture	*el automóvil/auto/ carro/la máquina*	[el aoutomóbil | áouto | ka*r*o | la mákina]
faites trois kilomètres	*haga tres kilómetros*	[ága trés kilómetros]
prendre la deuxième à droite	*tome la segunda a la derecha*	[tóme la segoúnda a la derétcha]
prendre la première à gauche	*tome la primera a la izquierda*	[tóme la priméra a la iskiérda]

Location – *Alquiler*

la motocyclette	*la motocicleta/moto*	[la motosikléta | móto]
le véhicule 4x4	*el cuatro por cuatro*	[el kwátro por kwátro]
voiture de location	*automóvil/auto/carro/ máquina de alquiler*	[aoutomóbil | áouto | ka*r*o | mákina de alkilér]
la voiture économique	*el auto económico*	[el áouto ekonómiko]

> Si vous voulez prendre un taxi en Argentine, ne dites pas *coger un taxi* parce que le verbe *coger* (prendre) signifie « avoir des relations sexuelles ». Vous devez dire *agarrar un taxi* ou *tomar un taxi*.

avec/sans	*con/sin*	[kón | sín]
air conditionné	*aire acondicionado*	[áire akondisionádo]
assurance	*seguro*	[segoúro]
conducteur	*conductor*	[kondouktór]
embrayage manuel	*embrague manual*	[embráge manoúal]
kilométrage	*kilometraje*	[kilometráHe]
port USB	*puerto USB*	[pwérto wesebé]
réservation	*reservación*	[reserbasión]
siège d'appoint pour enfant	*asiento elevador para niño*	[asiénto elebadór pára nígno]
système de navigation GPS	*sistema de navegación GPS*	[sistéma de nabegasión hepé:se]
transmission automatique	*transmisión automática*	[trahsmisión aoutomátika]
Où peut-on louer une voiture?	*¿Dónde se puede alquilar/rentar un auto?*	[dónde se pwéde alkilár | rentar un aoúto]
Je voudrais louer une voiture.	*Quisiera alquilar/rentar un carro.*	[kisiéra alkilár | rentar oun karo]
En avez-vous à transmission automatique?	*¿Tiene uno de transmisión automática?*	[tiéne oúno de trahsmisión aoutomátika]
En avez-vous à embrayage manuel?	*¿Tiene uno de embrague manual?*	[tiéne oúno de embráge manouál]
Quel est le tarif pour une journée?	*¿Cuánto cuesta por un día?*	[kwánto kwésta por oun día]
Quel est le tarif pour une semaine?	*¿Cuánto cuesta por una semana?*	[kwánto kwésta por oúna semána]

Est-ce que le kilométrage illimité est inclus?	*¿El kilometraje ilimitado está incluido?*	[el kilometráHe ilimitádo está inklwído]
Combien coûte l'assurance?	*¿Cuánto cuesta el seguro?*	[kwánto kwésta el segoúro]
Y a-t-il une franchise collision?	*¿Hay una penalización por accidente/por choque?*	[ái oúna penalisasión por aksidénte | por tchóke]
J'ai une réservation.	*Tengo una reservación.*	[téngo oúna resérbasión]
J'ai un tarif confirmé par le siège social.	*Tengo un precio confirmado por la compañia.*	[téngo oun présio konfirmádo por la kompagnía]

Mécanique – *Mecánica*

l'air conditionné	*el aire acondicionado*	[el áire akondisionádo]
l'antenne	*la antena*	[la:nténa]
l'antigel	*el anticongelante*	[el antikonhelánte]
l'avertisseur	*el claxon/la bocina*	[el kláxon | la bosína]
la boîte à gants	*la guantera*	[la wantéra]
le chauffage	*la calefacción*	[la kalefaksión]
la clé	*la llave*	[la yábe]
les clignotants	*las direccionales/ los intermitentes*	[las direksionáles | los intermiténte]
la climatisation	*la climatización*	[la klimatisasión]
le coffre	*el maletero/guarda maletas*	[el maletéro | gouárda malétas]
le démarreur	*el arranque*	[el aranke]
diesel	*diesel*	[diésel]

l'eau	el agua	[el ágwa]
l'embrayage	el embrague	[el embráge]
l'essence	la gasolina/el petróleo	[la gasolína	el petróleo]
l'essence sans plomb	la gasolina sin plomo	[la gasolína sin plómo]
l'essuie-glace	el limpiaparabrisas	[el límpiaparabrisas]
les feux de détresse	las luces de emergencia	[las loúses de:merhénsia]
le filtre à huile	el filtro de aceite	[el fíltro de aséite]
le frein à main	el freno de mano	[el fréno de máno]
les freins	los frenos	[los frénos]
les fusibles	los fusibles	[los fousíbles]
les glaces électriques	los vidrios eléctricos	[los bídrios eléktrikos]
l'huile	el aceite	[el aséite]
le lecteur CD	el reproductor de CD	[el reprodouktór de sedé]
le levier de changement de vitesse	la palanca de cambios de velocidad	[la palánka de kámbios de belosidá]
le pare-brise	el parabrisas	[el parabrísas]
le pare-chocs	el parachoques	[el paratchókes]
la pédale	el pedal	[el pedál]
le phare	el faro/la luz	[el fáro	la loús]
le pneu	el neumático/la goma/la llanta	[el neoumátiko	la góma	la yánta]
la portière avant/arrière	la puerta/portezuela de delante/de atrás	[la pwérta	porteswéla de delánte	de atrás]

le radiateur	*el radiador*	[el **r**adiadór]
le radio	*el radio*	[el **r**ádio]
le rétroviseur	*el retrovisor*	[el **r**etrobisór]
la serrure	*la cerradura*	[la se**r**adoúra]
le siège	*el asiento*	[el asiénto]
le système de navigation GPS	*el sistema de navegación GPS*	[el sistéma de nabegasión hepé:se]
le témoin lumineux	*la luz de freno de mano*	[la loús de fréno de máno]
le toit ouvrant	*el techo corredizo*	[el tétcho ko**r**edíso]
le ventilateur	*el ventilador*	[el bentiladór]
le volant	*el volante/timón*	[el bolánte | timón]
el aceite	l'huile	[el aséite]
el agua	l'eau	[el ágwa]
el aire acondicionado	l'air conditionné	[el áire akondisionádo]
la antena	l'antenne	[la:nténa]
el anticongelante	l'antigel	[el antikonhelánte]
el arranque	le démarreur	[el a**r**anke]
el claxon/la bocina	l'avertisseur	[el klákson | la bosína]
la calefacción	le chauffage	[la kalefaksión]
la cerradura	la serrure	[la se**r**adoúra]
la climatización	la climatisation	[la klimatisasión]
diesel	diesel	[diésel]
las direccionales	les clignotants	[las direksionáles]

el embrague	l'embrayage	[el embráge]
el faro/la luz	le phare	[el fáro | la loús]
el filtro de aceite	le filtre à huile	[el fíltro de aséite]
los frenos	les freins	[los frénos]
el freno de mano	le frein à main	[el fréno de máno]
los fusibles	les fusibles	[los fousíbles]
la gasolina/el petróleo	l'essence	[la gasolína | el petróleo]
la gasolina sin plomo	l'essence sans plomb	[la gasolína sin plómo]
la guantera	la boîte à gants	[la wantéra]
los intermitente	les clignotants	[los intermiténte]
el limpiaparabrisas	l'essuie-glace	[el límpiaparabrisas]
la llave	la clé	[la yábe]
las luces de emergencia	les feux de détresse	[las loúses de:merhénsia]
la luz de freno de mano	le témoin lumineux	[la loús de fréno de máno]
el maletero/guarda maletas	le coffre	[el maletéro | el gouárda malétas]
el neumático/la goma/ la llanta	le pneu	[el neoumátiko | la góma | la yánta]
la palanca de velocidad	le levier de changement de vitesse	[la palánka de belosidá]
el parabrisas	le pare-brise	[el parabrísas]
el parachoques	le pare-chocs	[el paratchókes]
el pedal	la pédale	[el pedál]

la portière avant/ arrière	*la puerta/portezuela de delante/de atrás*	[la pwérta	porteswéla de delánte	de atrás]
le radiateur	*el radiador*	[el radiadór]
le radio	*el radio*	[el rádio]
le rétroviseur	*el retrovisor*	[el retrobisór]
le lecteur CD	*el reproductor de CD*	[el reprodouktór de sedé]
le système de navigation GPS	*el sistema de navegación GPS*	[el sistéma de nabegasión hepé:se]
le toit ouvrant	*el techo corredizo*	[el tétcho koredíso]
le volant	*el timón/el volante*	[el timón	el bolánte]
le ventilateur	*el ventilador*	[el bentiladór]
les glaces électriques	*los vidrios eléctricos*	[los bídrios eléktrikos]
le volant	*el volante*	[el bolánte]
J'ai besoin d'un mécanicien.	*Necesito un mecánico.*	[nesesíto:un mekániko]
J'ai eu un accident.	*He tenido un accidente.*	[e tenído:un aksidénte]
Pouvez-vous faire la réparation aujourd'hui?	*¿Podrían reparar el auto hoy?*	[podrían reparár el áouto ói]
Quand la voiture sera-t-elle réparée?	*¿Cuándo estará reparado el auto?*	[kwándo estará reparádo el áouto]
Ma voiture est en panne.	*Mi auto está averiado.*	[mi áouto está:beriádo]
J'ai un pneu crevé.	*He pinchado un neumático.*	[e pintchádo:un neoumátiko]
La batterie est morte.	*La batería está descargada.*	[la batería está deskargáda]

| J'ai perdu mes clés de voiture. | *He perdido las llaves del auto.* | [e perdído las yábes del áouto] |
| Mes clés sont restées à l'intérieur de la voiture. | *Me he dejado las llaves dentro del auto.* | [me:deHádo las yábes déntro del áouto] |

Faire le plein – *Llenar el depósito*

Où puis-je trouver une station-service?	*¿Dónde hay una gasolinera?*	[dónde ai oúna gasolinéra]
Le plein, s'il vous plaît.	*Llene el tanque/ depósito, por favor.*	[yéne:l tánke | depósito por fabór]
Mettez-en pour 200 pesos.	*Eche por 200 pesos.*	[étche por dosiéntos pésos]
Vérifier la pression des pneus.	*Verificar la presión de los neumáticos.*	[berifikár la presión de los neoumátikos]
Acceptez-vous les cartes de crédit?	*¿Acepta usted tarjetas de crédito?*	[asépta ousté tarHétas de krédito]

Le Salto Ángel, au Venezuela.
© iStockphoto.com/FabioFilzi

ATTRAITS TOURISTIQUES ET ACTIVITÉS

ATTRAITS TOURISTIQUES
ATRACCIONES TURÍSTICAS

l'abbaye	*la abadía*	[la:badía]
l'aquarium	*el acuario*	[el akouário]
l'atelier	*el estudio*	[el estoúdio]
l'arc	*el arco*	[el árko]
l'arcade	*la arcada/la arquería*	[la:rkáda | la:rkería]
la basilique	*la basílica*	[la basílika]
la cascade	*la cascada*	[la kaskáda]
la cathédrale	*la catedral*	[la katedrál]
le centre historique	*el centro histórico*	[el séntro istóriko]
le centre-ville	*el centro de la ciudad*	[el séntro de la sioudá]
la chapelle	*la capilla*	[la kapíya]
la chute	*la caída/el salto de agua/la catarata*	[la kaída | el sálto de ágwa | la kataráta]
le clocher	*el campanario*	[el kampanário]
le cloître	*el claustro*	[el kláoustro]
la colonne	*la columna*	[la koloúmna]
la coupole	*la cúpula*	[la koúpoula]

la cour	*el patio*	[el pátio]
le dôme	*el domo*	[el dómo]
l'édifice	*el edificio*	[el edifísio]
l'église	*la iglesia*	[la iglésia]
le fleuve	*el río*	[el río]
la fontaine	*la fuente*	[la fwénte]
le fort	*el fuerte*	[el fwérte]
la forteresse	*la fortaleza*	[la fortalésa]
le forum	*el foro*	[el fóro]
la fresque	*el fresco*	[el frésko]
la frise	*el friso*	[el fríso]
le funiculaire	*el funicular*	[el founikoulár]
la galerie	*la galería*	[la galería]
l'hôtel de ville	*el ayuntamiento/la alcaldía*	[el ayountamiénto | la:lkaldía]
la jetée	*el malecón*	[el malekón]
le lac	*el lago*	[el lágo]
la lagune	*la laguna*	[la lagoúna]
la maison	*la casa*	[la kása]
le manoir	*la villa/la casona*	[la bíya | la kasóna]
le marché	*el mercado*	[el merkádo]
la marina	*la marina*	[la marína]
la mer	*el mar/la mar*	[el már | la már]
le monastère	*el monasterio*	[el monastério]
le monument	*el monumento*	[el monouménto]

le musée	*el museo*	[el mouséo]
la nef	*la nave*	[la nábe]
le palais de justice	*el palacio de justicia*	[el palásio de Houstísia]
le parc	*el parque*	[el párke]
le parc d'attractions	*el parque de atracciones*	[el párke de atraksiónes]
la petite place	*la plazita*	[la plasíta]
la piscine	*la piscina*	[la pisína]
la place	*la plaza*	[la plása]
la place centrale	*la plaza central*	[la plása sentrál]
la plage	*la playa*	[la pláya]
le pont	*el puente*	[el pwénte]
le porche	*el pórtico*	[el pórtiko]
le port	*el puerto*	[el pwérto]
la promenade	*la caminata/el paseo*	[la kamináta | el paséo]
la pyramide	*la pirámide*	[la pirámide]
le quai	*el muelle*	[el mwéye]
le réfectoire	*el refectorio*	[el **r**efektório]
le relief	*el relieve*	[el **r**eliébe]
le retable	*el retablo*	[el **r**etáblo]
la rivière	*el río*	[el **r**ío]
les ruines	*las ruinas*	[las **r**wínas]
le site archéologique	*el centro arqueológico*	[el séntro arkeolóhiko]
le stade	*el estadio*	[el estádio]
le téléférique	*el teleférico*	[el telefériko]

le temple	el templo	[el témplo]
le théâtre	el teatro	[el teátro]
la tour	la torre	[la tóre]
le tunnel	el túnel	[el toúnel]
le vieux centre	el centro antiguo	[el séntro antígwo]
le vieux port	el puerto viejo	[el pwérto biéHo]
le vitrail	la vidriera	[la bidriéra]
le zoo	el zoológico	[el so:lóhiko]
la abadía	l'abbaye	[la:badía]
la arcada/la arquería	l'arcade	[la:rkáda | la:rkería]
el arco	l'arc	[el árko]
el ayuntamiento/la alcaldía	l'hôtel de ville	[ayountamiénto | la:lkaldía]
la basílica	la basilique	[la basílika]
la caída	la chute	[la kaída]
la caminata	la promenade	[la kamináta]
el campanario	le clocher	[el kampanário]
la capilla	la chapelle	[la kapíya]
la casa	la maison	[la kása]
la casona	le manoir	[la kasóna]
la cascada	la cascade	[la kaskáda]
la catarata	la chute	[la kataráta]
la catedral	la cathédrale	[la katedrál]
el centro antiguo	le vieux centre	[el séntro antígwo]
el centro arqueológico	le site archéologique	[el séntro arkeolóhiko]

el centro de la ciudad	le centre-ville	[el séntro de la sioudá]
el centro histórico	le centre historique	[el séntro istóriko]
el claustro	le cloître	[el kláoustro]
la columna	la colonne	[la koloúmna]
la cúpula	la coupole	[la koúpoula]
el domo	le dôme	[el dómo]
el edificio	l'édifice	[el edifísio]
el estadio	le stade	[el estádio]
el estudio	l'atelier	[el estoúdio]
la iglesia	l'église	[la iglésia]
el foro	le forum	[el fóro]
la fortaleza	la forteresse	[la fortalésa]
el fresco	la fresque	[el frésko]
el friso	la frise	[el fríso]
la fuente	la fontaine	[la fwénte]
el fuerte	le fort	[el fwérte]
el funicular	le funiculaire	[el founikoulár]
la galería	la galerie	[la galería]
el lago	le lac	[el lágo]
la laguna	la lagune	[la lagoúna]
el malecón	la jetée	[el malekón]
el már/la már	la mer	[el már | la már]
la marina	la marina	[la marína]
el mercado	le marché	[el merkádo]
el monasterio	le monastère	[el monastério]

el monumento	le monument	[el monouménto]
el muelle	le quai	[el mwéye]
el museo	le musée	[el mouséo]
la nave	la nef	[la nábe]
el palacio de justicia	le palais de justice	[el palásio de Houstísia]
el parque	le parc	[el párke]
el parque de atracciones	le parc d'attractions	[el párke de atraksiónes]
el paseo	la promenade	[el paséo]
el patio	la cour	[el pátio]
la pirámide	la pyramide	[la pirámide]
la piscina	la piscine	[la pisína]
la plaza	la place	[la plása]
la plaza central	la place centrale	[la plása sentrál]
la plazita	la petite place	[la plasíta]
la playa	la plage	[la pláya]
el portico	le porche	[el pórtiko]
el puente	le pont	[el pwénte]
el puerto	le port	[el pwérto]
el refectorio	le réfectoire	[el **r**efektório]
el relieve	le relief	[el **r**eliébe]
el retablo	le retable	[el **r**etáblo]
el río	la rivière	[el **r**ío]
las ruinas	les ruines	[las **r**wínas]
el salto de agua	la chute	[el sálto de ágwa]

el teatro	le théâtre	[el teátro]
el teleférico	le téléférique	[el telefériko]
el templo	le temple	[el témplo]
la torre	la tour	[la tóre]
el túnel	le tunnel	[el toúnel]
el viejo puerto	le vieux port	[el biéHo pwérto]
la vidriera	le vitrail	[la bidriéra]
la villa	le manoir	[la bíya]
el zoológico	le zoo	[el so:lóhiko]

Le mot *centro* signifie « centre-ville ». Si la ville dont on parle est une ancienne ville coloniale, on désignera alors son centre-ville (où se trouve invariablement la cathédrale) du nom de *centro histórico*.

le guide touristique	*el guía turístico*	[el gía tourístiko]
office de tourisme	*oficina de turismo*	[ofisína de tourísmo]
renseignements touristiques	*información turística*	[informasión tourístika]
Où se trouve le centre-ville?	*¿Dónde se encuentra el centro de la ciudad?*	[dónde se:nkwéntra el séntro de la sioudá]
Où se trouve la vieille ville?	*¿Dónde se encuentra la ciudad vieja?*	[dónde se:nkwéntra la sioudá biéHa]
Peut-on marcher jusque-là?	*¿Se puede caminar hasta ahí?*	[se pwéde kaminár ásta aí]

Français	Español	Prononciation
Quel est le meilleur chemin pour se rendre à...?	¿Cuál es el mejor camino para llegar a...?	[kwál es el meHór kamíno para yegár a]
Quelle est la meilleure façon de se rendre à...?	¿Cuál es la mejor manera para llegar a...?	[kwál es la meHór manéra pára yegár a]
Combien de temps faut-il pour se rendre à...?	¿Cuánto tiempo se necesita para llegar a...?	[kwánto tiémpo se nesesíta pára yegár a]
Où prend-on le bus pour le centre-ville?	¿Dónde se toma el bus para el centro de la ciudad?	[dónde se tóma el bús pára el séntro de la sioudá]
Y a-t-il une station de métro près d'ici?	¿Hay una estación de metro cerca de aquí?	[ái oúna estasión de métro sérka de akí]
Peut-on aller à... en métro/en autobus?	¿Se pwéde ir... en metro/en autobús?	[se pwéde ir en métro	en aoutoboús]
Combien coûte un ticket d'autobus/de métro?	¿Cuánto cuesta un billete/boleto de autobús/de metro?	[kwánto kwésta oun biyéte	boléto de:aoutoboús	de métro]
Avez-vous un plan de la ville?	¿Tiene usted un plano de la ciudad?	[tiéne ousté oun pláno de la sioudá]
Je voudrais un plan avec index.	Quisiera un plano con índice.	[kisiéra oun pláno kon índise]
Je voudrais un guide francophone.	Quisiera un guía francófono.	[kisiéra oun gía frankófono]

En Amérique latine, plusieurs termes désignent la place centrale, souvent flanquée d'une élégante cathédrale ou d'une église que l'on retrouve dans presque toutes les villes. Vous entendrez entre autres parler de Plaza Mayor, Plaza Central, Zócalo et de Plaza de la Constitución.

AU MUSÉE
EN EL MUSEO

l'anthropologie	*la antropología*	[la antropolohía]
l'Antiquité	*La Eda Antigua*	[la eda:ntíwa]
les antiquités	*las antigüedades*	[las antigwedádes]
l'archéologie	*la arqueología*	[la:rkeolohía]
l'architecture	*la arquitectura*	[la:rkitektoúra]
l'art africain	*el arte africano*	[el árte afrikáno]
l'art amérindien	*el arte amerindio*	[el árte ameríndio]
l'art asiatique	*el arte asiático*	[el árte asiátiko]
l'art colonial	*el arte colonial*	[el árte koloniál]
l'art contemporain	*el arte contemporáneo*	[el árte kontemporáneo]
Art déco	*art decó*	[árt dekó]
l'artiste	*el artista*	[el artísta]
Art nouveau	*Art nouveau/ Modernismo*	[art noubó	modernísmo]
l'art moderne	*el arte moderno*	[el árte modérno]
l'art précolonial	*el arte precolombino*	[el árte prekolombíno]
les arts décoratifs	*las artes decorativas*	[las ártes dekoratíbas]
la collection permanente	*la colección permanente*	[la koleksión permanénte]
la colonisation	*la colonización*	[la kolonisasión]
le conservateur	*el restaurador*	[el **r**estaouradór]
le dessin	*el dibujo*	[el diboúHo]

l'exposition temporaire	*la exposición temporal*	[la eksposisión temporál]
la gravure	*el grabado*	[el grabádo]
la guerre de Sécession	*la guerra de Secesión*	[la géra de sesesión]
la guerre d'indépendance	*la guerra de independencia*	[la géra de independénsia]
les guerres coloniales	*las guerras coloniales*	[las géras koloniáles]
l'impressionnisme	*el impresionismo*	[el impresionísmo]
l'installation	*la instalación*	[la:instalasión]
les nordistes	*los nordistas*	[los nordístas]
l'œuvre d'art	*la obra de arte*	[la óbra de árte]
le peintre	*el pintor*	[el pintór]
les peintures	*las pinturas*	[las pintoúras]
la période hispanique	*el periodo hispánico*	[el periódo ispániko]
la photographie	*la fotografía*	[la fotografía]
la reproduction	*la reproducción*	[la reprodouksión]
la salle d'exposition	*la sala de exposiciones*	[la sála d:esposisiónes]
les sciences naturelles	*las ciencias naturales*	[las siénsias natouráles]
le sculpteur	*el escultor*	[el eskoultór]
les sculptures	*las esculturas*	[las eskoultoúras]
la statue	*la estatua*	[la estátwa]
le style	*el estilo*	[el estílo]
les sudistes	*los sudistas/surdistas*	[los soudístas | sourdístas]

Au Mexique, la lettre *x* se prononce de plusieurs façons, en raison de l'influence de la langue nahuatl (aztèque) sur l'espagnol parlé dans ce pays. On la prononce parfois comme un *ch*, parfois comme un *h* guttural, parfois comme le *x* français, parfois comme un *s*. Il n'y a pas de règle : il faut connaître la prononciation de chaque mot qui en contient...

le tableau	*el cuadro*	[el kwádro]
la tapisserie	*el tapiz*	[el tapís]
la technique	*la técnica*	[la téknika]
l'urbanisme	*el urbanismo*	[el ourbanísmo]
la antropología	l'anthropologie	[la antropolohía]
la antigëdad	l'Antiquité	[la:ntigwedá]
las antigüedades	les antiquités	[las antigwedádes]
la arqueología	l'archéologie	[la:rkeolohía]
la arquitectura	l'architecture	[la:rkitektoúra]
art decó	Art déco	[árte dekó]
el arte africano	l'art africain	[el árte afrikáno]
el arte amerindio	l'art amérindien	[el árte ameríndio]
el arte asiático	l'art asiatique	[el árte asiátiko]
el arte colonial	l'art colonial	[el árte koloniál]
el arte contemporáneo	l'art contemporain	[el árte kontemporáneo]
el artista	l'artiste	[el artísta]

el arte moderno	l'art moderne	[el árte modérno]
Art nouveau	Art nouveau	[árte nwébo]
el arte precolombino	l'art précolonial	[el árte prekolombíno]
las artes decorativas	les arts décoratifs	[las ártes dekoratíbas]
las ciencias naturales	les sciences naturelles	[las siénsias natouráles]
la colección permanente	la collection permanente	[la koleksión permanénte]
la colonización	la colonisation	[la kolonisasión]
el cuadro	le tableau	[el kwádro]
el dibujo	le dessin	[el diboúHo]
La Eda Antigua	l'Antiquité	[la eda:ntíwa]
el escultor	le sculpteur	[el eskoultór]
las esculturas	les sculptures	[las eskoultoúras]
la estatua	la statue	[la estátwa]
el estilo	le style	[el estílo]
la exposición temporal	l'exposition temporaire	[la eksposisión temporál]
la fotografía	la photographie	[la fotografía]
el grabado	la gravure	[el grabádo]
la guerra de Secesión	la guerre de Sécession	[la géra de sesesión]
la guerra de independencia	la guerre d'indépendance	[la géra de independénsia]
las guerras coloniales	les guerres coloniales	[las géras koloniáles]
el impresionismo	l'impressionnisme	[el impresionísmo]
la instalación	l'installation	[la instalasión]

Modernismo	Art Nouveau	[modernísmo]
los nordistas	les nordistes	[los nordístas]
la obra de arte	l'œuvre d'art	[la obra de árte]
el periodo hispánico	la période hispanique	[el periódo ispániko]
el pintor	le peintre	[el pintór]
las pinturas	les peintures	[las pintoúras]
la reproducción	la reproduction	[la **r**eprodouksión]
el restaurador	le conservateur	[el **r**estaouradór]
la sala de exposición	la salle d'exposition	[la sála de:ksposisión]
los sudistas/surdistas	les sudistes	[los soudístas | sourdístas]
el tapiz	la tapisserie	[el tapís]
la técnica	la technique	[la téknika]
el urbanismo	l'urbanisme	[el ourbanísmo]
Combien coûte l'entrée?	*¿Cuánto cuesta la entrada?*	[kwánto kwésta la entráda]
Y a-t-il un tarif étudiant?	*¿Hay un precio para estudiantes?*	[ái oun présio pára estoudiántes]
Les enfants doivent-ils payer?	*¿Los niños tienen quepagar?*	[los nígnos tiénen ke pagár]
Quel est l'horaire du musée?	*¿Cúal es el horario del museo?*	[kwál es el orário del mouséo]
Avez-vous de la documentation sur le musée?	*¿Tiene usted documentación sobre el museo?*	[tiéne ousté dokoumentasión sóbre el mouséo]
Avez-vous un audioguide en français?	*¿Tienen audioguía en francés?*	[tiénen aoudiogía en fransés]

Est-il permis de prendre des photos?	*¿Se permite tomar fotos?*	[se permíte tomár fótos]
Où se trouve le vestiaire?	*¿Dónde se encuentra el vestuario?*	[dónde se enkwéntra el bestwário]
Y a-t-il un café?	*¿Hay un café?*	[ái oun kafé]
Y a-t-il une cafétéria?	*¿Hay una cafeteria?*	[ái oúna kafetería]
Où se trouve le tableau de...?	*¿Dónde se encuentra el cuadro de...?*	[dónde se:nkwéntra el kwádro de]
À quelle heure ferme le musée?	*¿A qué hora cierra el museo?*	[a ke óra siéra el mouséo]

ACTIVITÉS DE PLEIN AIR
ACTIVIDADES AL AIRE LIBRE

Organisez-vous des excursions guidées?	*¿Organizan excursiones guiadas?*	[organísan eskoursiónes giádas]
Je voudrais faire du kayak.	*Me gustaría hacer kayak.*	[me goustaría asér kayak]
Je voudrais suivre un cours de plongée sous-marine.	*Me gustaría hacer un curso de submarinismo.*	[me goustaría asér oun koúrso de soumarinísmo]
Où puis-je observer le récif de corail?	*¿Dónde puede observarse el arrecife de coral?*	[dónde pwéde obserbárse el aresífe de korál]
Quel est le meilleur site pour faire de la plongée-tuba?	*¿Cuál es el mejor lugar para bucear con tubo?*	[kwál es el mehór lougár pára bouseár kon toúbo]
Où est la plus belle plage?	*¿Dónde está la playa más bonita?*	[dónde está la pláya más boníta]

Où peut-on pratiquer...?	¿Dónde se puede practicar...?	[dónde se pwéde praktikár]
le badminton	el badminton	[el badmintón]
la descente de rivière	el descenso de río	[el desénso de río]
l'équitation	la equitación	[la ekitasión]
l'escalade	la escalada	[la eskaláda]
le golf	el golf	[el gólf]
la moto	la moto	[la móto]
la motomarine	la motonáutica	[la motonáoutika]
la motoneige	la motonieve	[la motoniébe]
la natation	la natación	[la natasión]
le parachutisme	el paracaidismo	[el parakaidísmo]
le parapente	el parapente	[el parapénte]
la pêche	la pesca	[la péska]
la pêche sportive	la pesca deportiva	[la péska deportíba]
la planche à voile	el windsurf	[el wínsourf]
la plongée sous-marine	el submarinismo/la zambullida	[el soumarinísmo | la sambouyída]
la plongée-tuba	el submarinismo con tubo	[el soumarinísmo kon toúbo]
le plongeon	la zambullida	[la sambouyída]
la randonnée pédestre	la marcha	[la mártcha]
le ski alpin	el esquí de montaña	[el eskí de montágna]
le ski de fond	el esquí de fondo	[el eskí de fóndo]
la spéléologie	la espeleología	[la espeleolohía]

le surf	el surf	[el sourf]
le tennis	el tenis	[el ténis]
le vélo	la bicicleta	[la bisikléta]
le vélo de montagne	la bicicleta de montaña	[la bisikléta de montágna]
le volley-ball	el voleibol	[el boleíbol]
la voile	la vela	[la béla]

Matériel – *Equipo*

Je voudrais louer...	Quisiera alquilar/rentar...	[kisiéra alkilár | rentár]
une planche de surf.	una tabla de surf.	[oúna tábla de soúrf]
un équipement de plongée-tuba.	un equipo de buceo con tubo.	[oun ekípo de bouséo kon toúbo]
Prêtez-vous ces bicyclettes?	¿Prestan esas bicicletas?	[préstan ésas bisiklétas]
Y a-t-il une piste cyclable?	¿Hay carril bici?	[ái karíl bísi]
la balle	la pelota	[la pelóta]
le ballon	el balón	[el balón]
le bateau	el barco	[el bárko]
les bâtons	los bates	[los bátes]
les bâtons de golf	los palos de golf	[los pálos de gólf]
la bicyclette	la bicicleta	[la bisikléta]
la bonbonne d'ogygène	la bombona/botella de aire	[la bombóna | botéya de áire]

les bottines	*los botines*	[los botínes]
la cabine	*la cabina*	[la kabína]
la canne à pêche	*la caña de pescar*	[la kágna de peskár]
la chaise longue	*la tumbona*	[la toumbóna]
le filet	*la red*	[la *r*éd]
le masque	*la máscara*	[la máskara]
le matelas pneumatique	*la balsa*	[la bálsa]
les palmes	*las palmas*	[las pálmas]
le parasol	*la sombrilla*	[la sombríya]
la planche à voile	*la tabla de windsurf*	[la tábla de wínsourf]
la planche de surf	*la tabla de surf*	[la tábla de sourf]
la raquette	*la raqueta*	[la rakéta]
les skis	*los esquís*	[los eskís]
le voilier	*el velero*	[el beléro]

À la mer – *La mar/el mar*

baignade autorisée	*se permite el baño*	[se permíte el bágno]
baignade à vos risques	*baño con precaución/ peligroso*	[bágno kon prekaousión | peligróso]
baignade interdite	*se prohíbe el baño*	[se proíbe el bágno]
la chaise longue	*la tumbona*	[la toumbóna]
les courants	*las corrientes*	[las koriéntes]
les courants dangereux	*las corrientes peligrosas*	[las koriéntes peligrósas]

la marée basse	*la marea baja*	[la maréa báHa]
la marée haute	*la marea alta*	[la maréa álta]
mer agitée	*mar agitado*	[már ahitádo]
mer calme	*mar calmado*	[már kalmádo]
le parasol	*la sombrilla*	[la sombríya]
plage sans surveillance	*playa sin vigilancia*	[playa sin bihilánsia]
le récif corallien	*arrecife de coral*	[arésife de koral]
le rocher	*el peñón/la roca*	[el pegnón | la róka]
le sable	*la arena*	[la:réna]
le sauveteur	*el socorrista*	[el sokorísta]
La plage est-elle surveillée?	*¿La playa tiene vigilancia?*	[la playa tiéne bihilánsia]
Combien coûte la location d'une chaise longue?	*¿Cuánto cuesta el alquiler de una tumbona?*	[kwánto kwésta el alkilér de oúna toumbóna]

FAUNE ET FLORE
FAUNA Y FLORA

Organisez-vous des excursions d'observation...	*¿Organizan excursiones para ver...*	[organísan eskoursiónes pára ber]
des baleines?	*ballenas?*	[bayénas]
des oiseaux?	*pájaros?*	[páHaros]
de la faune?	*la fauna?*	[la faoúna]

Comment se nomme...	¿Cómo se llama...	[kómo se yáma]
cet animal?	este animal?	[éste animál]
cette plante?	esta planta?	[ésta plánta]
cette fleur?	esta flor?	[ésta flor]
cet arbre?	este árbol?	[éste árbol]
Est-ce...	¿Es...	[es]
dangereux?	peligroso?	[peligróso]
en voie d'extinction?	está en peligro de extinción?	[está en pelígro de:stinsión]
rare?	poco común?	[póko komoún]
commun?	común?	[komoún]
vénimeux?	venenoso?	[benenóso]

Les mets que les Mexicains considèrent comme épicés sont souvent trop piquants pour la plupart des voyageurs étrangers. Ainsi, au restaurant, il vous est recommandé de demander au serveur ou à la serveuse si le plat que vous voulez commander sera peu ou très épicé : ¿Este platillo pica? ou ¿Este platillo es chiloso? ou encore ¿Tiene mucho chile? (« Le mets est-il piquant? »). Plus simplement, on peut s'en informer en disant seulement, sur un ton interrogatif : ¿Pica? (« Piquant? »).

Un hôtel de la province de
Guanacaste, au Costa Rica.
© iStockphoto.com/Fertnig

HÉBERGEMENT

TYPES D'HÉBERGEMENT
TIPOS DE ALOJAMIENTO

l'appartement	*el apartamento*	[el apartaménto]
l'auberge	*el albergue*	[el albérge]
l'auberge de jeunesse	*el albergue juvenil*	[el albérge Hubeníl]
le bungalow	*el bungalow*	[el boungaló]
le camping	*el camping*	[el kámpin]
le chalet	*el chalé*	[el tchalé]
l'hôtel	*el hotel*	[el otél]
l'hôtel-appartement/ résidence hôtelière	*el hotel apartamento/hotel residencial*	[el otél apartaménto | otél residensiál]
la maisonnette	*la casita*	[la kasíta]
pension complète (gîte et couvert)	*pensión completa*	[pensión kompléta]
la pension de famille	*la casa de huéspedes*	[la kása de wéspedes]
le refuge	*el refugio*	[el refoúhio]
le studio	*el estudio*	[el estoúdio]
la suite	*la suite*	[la swít]

RÉSERVATIONS
RESERVACIONES/RESERVAS

avec baignoire	*con bañera/bañadera*	[kón bagnéra | bagnadéra]
avec douche	*con ducha*	[kón doútcha]
avec salle de bain	*con baño*	[kón bágno]
bébé	*bebé*	[bebé]
bon marché	*barato*	[baráto]
bruit	*ruido/bulla*	[**r**wído | boúya]
bruyant	*ruidoso*	[**r**widóso]
calme	*calmado*	[kalmádo]
chambre	*habitación*	[abitasión]
chambre à deux lits	*habitación doble/con dos camas*	[abitasión dóble | kon dós kámas]
chambre familiale	*habitación familiar*	[abitasión familiár]
chambre libre	*habitación libre*	[abitasión líbre]
chambre pour deux personnes	*habitación para dos personas*	[abitasión pára dós persónas]
chambre pour trois personnes	*habitación para tres personas*	[abitasión pára trés persónas]
chambre pour une personne	*habitación para una persona*	[abitasión pára oúna persóna]
complet	*completo*	[kompléto]
enfant	*niño*	[nígno]
famillial	*familiar*	[familiár]
intimité	*intimidad*	[intimidá]

lit deux places	cama de dos plazas/de matrimonio	[káma de dós plásas | de matrimónio]
lits jumeaux	camas separadas	[kámas separádas]
proche	cercano	[serkáno]
romantique	romántico	[romántiko]
vue…	vista	[bísta]
sur la mer	al mar	[al már]
sur la ville	a la ciudad	[a la sioudá]
sur la montagne	a la montaña	[a la montágna]
Pourriez-vous me conseiller un hôtel calme?	¿podría recomendarme un hotel tranquilo?	[podría rekomendárme oun otél trankílo]
Avez-vous une chambre libre pour cette nuit?	¿Tiene usted una habitación libre para esta noche?	[tiéne ousté oúna:bitasión líbre pára ésta nótche]
Je voudrais réserver une chambre double.	Desearía reservar una habitación doble.	[desearía reserbár oúna:bitasión dóble]
Quel est le prix de la chambre?	¿Cuál es el precio de la habitación?	[kwál es el présio de l:abitasión]
La taxe est-elle comprise?	¿El impuesto está incluido en el precio?	[el impwésto está inklwído en el présio]
Le tarif inclut-il l'accès à Internet?	¿El precio incluye conexión a internet?	[el présio inkloúye koneksión a interné]
Nous voulons une chambre avec salle de bain.	Queremos una habitación con baño.	[kerémos oúna:bitasión kon bágno]
Nous voudrions une chambre avec vue sur la mer.	Quisiéramos una habitación con vistas al mar.	[kisiéramos oúna:bitasión kon bístas al már]

Avez-vous des chambres moins chères?	*¿Tiene usted habitaciones más baratas?*	[tiéne ousté abitasiónes más barátas]
Pouvons-nous voir la chambre?	*¿Podemos ver la habitación*	[podémos bér la:bitasión]
Je la prends.	*La tomo.*	[la tómo]
J'ai une réservation au nom de…	*Tengo una reservación a nombre de…*	[téngo oúna reserbasión a nómbre de]
À quelle heure la chambre sera-t-elle prête?	*¿A qué hora estará lista la habitación?*	[a ke óra estará lísta la:bitasión]

INSTALLATIONS ET SERVICES
INSTALACIONES Y SERVICIOS

l'accès Internet	*el acceso a internet*	[el akséso a interné]
l'ascenseur	*el ascensor*	[el a:sensór]
le balcon	*el balcón*	[el balkón]
le bar	*el bar*	[el bár]
les boutiques	*las tiendas*	[las tiéndas]
la buanderie	*la lavandería/tintorería*	[la labandería | tintorería]
la cafetière	*la cafetera*	[la kafetéra]
la chaise	*la silla*	[la síya]
le chauffage	*la calefacción*	[la kalefaksión]
la climatisation	*el aire acondicionado/ la climatización*	[el áire acondisionádo | la klimatisasión]

le coffret de sûreté	la caja de seguridad	[la káHa de segouridá]
les couverts	los cubiertos	[los koubiértos]
une couverture	una manta	[oúna mánta]
un couvre-lit	un cubrecama/una sobrecama	[oun koubrekáma | oúna sobrekama]
la cuisinette	la cocinita	[la kosiníta]
le divan-lit	el sofá cama	[el sofá káma]
le drap	la sábana	[la sábana]
l'eau purifiée	el agua purificada	[el ágwa pourifikáda]
la fenêtre	la ventana	[la bentána]
le fer à repasser	la plancha	[la plántcha]
le four à micro-ondes	el horno microondas	[el órno mikró:ndás]
les glaçons	los cubitos de hielo	[los koubítos de yélo]
le lave-linge	la lavadora	[la labadóra]
le lave-vaisselle	el lavaplatos	[el lábaplátos]
la lumière	la luz	[la loús]
le minibar	el minibar	[el minibár]
la nappe	el mantel	[el mantél]
un oreiller	una almohada	[oúna almwáda]
la piscine	la piscina	[la pisína]
la planche à repasser	la tabla de planchar	[la tábla de plantchár]
la radio	la radio	[la rádio]
la réception	la recepción	[la resepsión]
le réfrigérateur	el refrigerador	[el refriheradór]

le restaurant	*el restaurante/ el restorán*	[el **r**estaouránte | el **r**estorán]
les rideaux	*las cortinas*	[las kortínas]
du savon	*el jabón*	[el Habón]
le sèche-cheveux	*el secador de pelo*	[el sekadór de pélo]
une serviette	*una toalla*	[oúna toáya]
le store	*la cortina/el estor*	[la kortína | el estór]
la table	*la mesa*	[la mésa]
une taie d'oreiller	*una funda de almohada*	[oúna foúnda de almwáda]
le téléphone	*el teléfono*	[el teléfono]
le téléviseur	*el televisor*	[el telebisór]
la télévision	*la televisión*	[la telebisión]
une chaîne française	*un canal francés*	[oun kanál fransés]
le tire-bouchon	*el tirabuzón/ sacacorchos*	[el tirabousón | sákakórtchos]
la vaisselle	*los platos/la vajilla*	[los plátos | baHíya]
le ventilateur	*el ventilador*	[el bentiladór]
Wi-Fi	*Wi-Fi*	[wífi]
Y a-t-il...	*¿Hay...*	[ái]
un court de tennis?	*una cancha/pista de tenis?*	[oúna kántcha | písta de ténis]
un gymnase?	*un gimnasio?*	[oun himnásio]
Internet sans fil/ Wi-Fi?	*Internet sin cable/ Wi-Fi?*	[internét sín káble | wífi]
une marina?	*una marina?*	[oúna marína]

une piscine?	*una piscina?*	[oúna pisína]
un service de blanchisserie?	*un servicio de lavandería?*	[oun serbísio de labandería]
un service de repassage?	*un servicio de plancha?*	[oun serbísio de plántcha]
une garderie/un service de gardienne?	*servicio de canguro?*	[serbísio de kangoúro]
un terrain de golf?	*un campo de golf?*	[oun kámpo de gólf]
Le petit déjeuner est-il compris?	*¿El desayuno está incluido?*	[el desayoúno está inklwído]
De quelle heure à quelle heure le petit déjeuner est-il servi?	*¿De qué hora a qué hora sirven el desayuno?*	[de ke óra a ke óra sírben el desayoúno]
Est-il possible d'avoir une chambre plus calme?	*¿Es posible tener una habitación más tranquila?*	[es posíble tenér oúna:bitasión más trankíla]
Où pouvons-nous garer la voiture?	*¿Dónde podemos estacionar/parquear el carro?*	[dónde podémos estasionár	parkéar el ká*r*o]
Quelqu'un peut-il nous aider à monter nos bagages?	*¿Alguien puede ayudarnos a subir nuestro equipaje?*	[álgien pwéde ayoudárnos a subír el ekipáHe]
Peut-on boire l'eau du robinet?	*¿Se puede tomar el agua de la llave/la pila?*	[se pwéde tómar el ágwa de la yábe	la píla]
Je voudrais voir une autre chambre.	*Me gustaría ver otra habitación.*	[me goustaría bér ótra:bitasión]
Pourrions-nous changer de chambre?	*¿Podríamos cambiar de habitación?*	[podríamos kambiár de abitasión]

La chambre est trop...	*La habitación es demasiado...*	[la:bitasión es demasiádo]
bruyante.	*ruidosa.*	[rwidósa]
chère.	*cara.*	[kára]
froide.	*fría.*	[fría]
humide.	*húmeda.*	[oúmeda]
petite.	*pequeña.*	[pekégna]
sombre.	*oscura.*	[oskoúra]
Cette chambre n'est pas propre.	*Esta habitación no está limpia.*	[ésta:bitasión no está límpia]
La chambre sent mauvais.	*La habitación huele mal.*	[la:bitasión wéle mál]
Il n'y a pas d'eau chaude.	*No sale agua caliente.*	[no sale ágwa kaliénte]
Il n'y a plus de papier hygiénique.	*No queda papel higiénico.*	[no kéda papél ihiéniko]
Pouvez-vous me montrer comment fonctionne la douche?	*¿Podrían mostrarme cómo funciona la ducha?*	[podrían mostrárme kómo founsióna la doútcha]
Ce n'est pas la peine de changer les draps.	*No es necesario cambiar las sábanas.*	[no es nesesário kambiár las sábanas]
Est-ce que nous pouvons avoir deux clés?	*¿Podemos tener dos llaves?*	[podémos tenér dós yábes]
De quelle heure à quelle heure la piscine est-elle ouverte?	*¿De qué hora a qué hora está abierta la piscina?*	[de ke óra a ke óra está abiérta la pisína]

Où pouvons-nous prendre des serviettes pour la piscine?	*¿Dónde podemos tomar/pedir toallas para la piscina?*	[dónde podémos tomar | pedír toáyas pára la pisína]
Y a-t-il un service de bar à la piscine?	*¿Hay servicio de bar en la piscina?*	[ái serbísio de bár en la pisína]
Quelles sont les heures d'ouverture du gymnase?	*¿Cuáles son los horarios del gimnasio?*	[kwáles son los orários del himnásio]
Y a-t-il un coffret de sûreté dans la chambre?	*¿Hay caja de seguridad en la habitación?*	[ái káHa de segouridá en la:bitasión]
Pouvez-vous me réveiller à...?	*¿Puede usted despertarme a...?*	[pwéde ousté despertárme a]
J'ai perdu la clé de ma chambre.	*He perdido la llave de la habitación.*	[e perdído la yábe de la:bitasión]
La climatisation ne fonctionne pas.	*El aire acondicionado no funciona.*	[El áire acondisionádo no founsióna]
La toilette est bouchée.	*El baño está tupido/atascado.*	[el bágno está toupído | ataskado]
Il n'y a pas de lumière/d'électricité.	*No hay luz/electricidad.*	[no ái loús I elektrisidá]
Puis-je avoir la clé du coffret de sûreté?	*¿Puedo tener la llave del cofre de seguridad?*	[pwédo tenér la yábe del kófre de segouridá]
Le téléphone ne fonctionne pas.	*El teléfono no funciona.*	[el teléfono no founsióna]
Avez-vous des messages pour moi?	*¿Tiene usted mensajes para mí?*	[tiéne ousté mensáHes pára mí]
Pouvez-vous nous appeler un taxi?	*¿Puede usted llamarnos un taxi?*	[pwéde ousté yamárnos oun táksi]
Organisez-vous des excursions?	*¿Organizan excursions?*	[organísan eskoursiónes]

La connexion Internet ne fonctionne pas.

La conexión a internet no funciona.

[la koneksión a interné no founsióna]

Quel est le mot de passe pour accéder au réseau Wi-Fi?

¿Cuál es la contraseña para el Wi-Fi?

[kwál es la kontraségna pára el wífi]

Vous pouvez écrire votre appréciation sur TripAdvisor.

Puede usted escribir su opinión en TripAdvisor.

[pwéde ousté eskribír soú opinión en trip adbáisor]

Ça ne correspond pas à ce que j'ai lu sur Airbnb/sur votre site Internet.

Esto no coincide con lo que he leido en Airbnb/ su página web.

[ésto no koinsíde kón lo ke e leído en erbé éne bé | soú páhina wéb]

DÉPART
SALIDA

À quelle heure devons-nous quitter la chambre?

¿A qué hora debemos dejar la habitación?

[a ke óra debémos deHár la:bitasión]

Pouvez-vous nous appeler un taxi pour demain à 6h?

¿Puede usted llamarnos un taxi para mañana a las seis?

[pwéde ousté yamárnos oun táksi pára magnána a las séis]

Nous partons maintenant.

Partimos ahora.

[partímos ahóra]

Pouvez-vous dresser la note?

¿Puede usted preparar la factura?

[pwéde ousté preparár la faktoúra]

Je crois qu'il y a une erreur sur la note.

Creo que hay un error en la factura.

[kréo ke ái oun erór en la faktoúra]

On m'avait garanti le tarif de...

Se me había confirmado la tarifa de...

[se me abía konfirmádo la tarífa de]

Est-ce que vous acceptez les cartes de crédit?

¿Acepta usted tarjeta de crédito?

[asépta ousté tarHéta de krédito]

Pouvez-vous faire descendre nos bagages?

¿Puede usted hacer bajar nuestro equipaje?

[pwéde ousté asér baHar nwéstro ekipáHe]

Pouvez-vous garder nos bagages jusqu'à…?

¿Puede usted guardar nuestro equipaje hasta…?

[pwéde ousté gwardár nwéstro ekipáHe ásta]

Merci pour tout, nous avons fait un excellent séjour chez vous.

Gracias por todo, hemos pasado una excelente estancia con ustedes.

[grásias por tódo émos pasádo úna ekselénte estánsia kon oustédes]

Nous espérons revenir bientôt.

Esperamos volver pronto.

[esperámos bolbér prónto]

Tacos.
© iStockphoto.com/WhiteLacePhotography

RESTAURANT ET ALIMENTATION

BOUTIQUES ET MARCHÉS D'ALIMENTATION
TIENDAS Y MERCADOS DE ALIMENTOS

Où puis-je trouver...	*¿Dónde puedo encontrar...*	[dónde pwédo enkontrár]
une boucherie?	*una carnicería?*	[oúna karnisería]
une boulangerie?	*una panadería?*	[oúna panadería]
une boutique d'aliments naturels?	*una tienda de alimentos naturales?*	[oúna tiénda de aliméntos natouráles]
une épicerie?	*una tienda de comestibles?*	[oúna tiénda de komestíbles]
un marché?	*un mercado?*	[oun merkádo]
un marché d'alimentation?	*un mercado de alimentos?*	[oun merkádo de aliméntos]
une pâtisserie?	*una pastelería?*	[oúna pastelería]
une poissonnerie?	*una pescadería?*	[oúna peskadería]
un supermarché?	*un supermercado?*	[oun soupermerkádo]
Y a-t-il un supermarché près d'ici?	*¿Hay un supermercado por aquí?*	[ái oun soupermerkádo pór akí]
Est-il ouvert le dimanche?	*¿Abre los domingos?*	[ábre los domíngos]
À quelle heure ferme-t-il?	*¿A qué hora cierra?*	[a ké óra siéra]

Où peut-on acheter de la nourriture à cette heure-ci?

¿Dónde podemos comprar algo de comer a estas horas?

[dónde podémos komprár álgo de komér a:éstas óras]

TROUVER UN RESTAURANT
ENCONTRAR UN RESTAURANTE

Français	Español	Prononciation
J'ai très faim!	*¡Tengo mucho hambre!*	[téngo moútcho ámbre]
Je n'ai pas très faim.	*No tengo mucho hambre.*	[no téngo moútcho ámbre]
On va manger?	*¿Comemos?*	[komémos]
La cuisine mexicaine	*La cocina mexicana*	[la kosína mehikána]
Pouvez-vous nous recommander un restaurant?	*¿Puede recomendarnos un restaurante?*	[pwéde rekomendárnos oun restaouránte]
Nous aimerions manger...	*Nos gustaría comer...*	[nos goustaría komér]
bon marché	*barato*	[baráto]
chinois	*chino*	[tchíno]
familial	*casero*	[kaséro]
français	*francés*	[fransés]
indien	*indio*	[índio]
italien	*italiano*	[italiáno]
japonais	*japonés*	[Haponés]
mexicain	*mexicano*	[mehikáno]
végétalien	*vegano*	[begáno]
végétarien	*vegetariano*	[behetariáno]

Nous aimerions essayer des spécialités locales.	*Nos gustaría probar las especialidades locales.*	[nos goustaría probár las espesialidádes lokáles]

RÉSERVER UNE TABLE
RESERVAR MESA

le banc d'appoint	*el elevador/la trona*	[el elebadór | la tróna]
la banquette	*la banqueta*	[la bankéta]
le bar	*el bar*	[el bár]
la chaise	*la silla*	[la síya]
la chaise haute	*la trona*	[la tróna]
la cuisine	*la cocina*	[la kosína]
en haut	*arriba*	[aríba]
en bas	*abajo*	[abáHo]
la fenêtre	*la ventana*	[la bentána]
près de la fenêtre	*cerca de la ventana*	[sérka de la bentána]

intime	*íntimo*	[íntimo]
manger sur place	*para comer aquí*	[pára komér akí]
la salle à manger	*el comedor*	[el komedór]
la terrasse	*la terraza*	[la terása]
les toilettes	*los baños*	[los bágnos]
la table	*la mesa*	[la mésa]
Je voudrais faire une réservation pour deux personnes pour 20h.	*Quisiera hacer una reservación para dos personas a las 20 horas.*	[kisiéra asér oúna reserbasión pára dós persónas a las béinte óras]
Est-ce que vous aurez de la place plus tard?	*¿Tendrá usted una mesa más tarde?*	[tendrá ousté oúna mesa más tárde]
Je voudrais réserver pour demain soir.	*Quisiera reservar para mañana por la noche.*	[kisiéra reserbár pára magnána por la notché]
Quelles sont les heures d'ouverture du restaurant?	*¿Cuáles son los horarios en que está abierto el restaurante?*	[kwáles són los orários en ke está abiérto el restaouránte]
Je voudrais une table sur la terrasse.	*Quiero una mesa en la terraza.*	[kiéro oúna mésa en la terása]

REPAS
COMIDAS

le déjeuner/le dîner (Québec)	*el almuerzo/la comida*	[el almwérso	la komída]
le dessert	*el postre*	[el póstre]
le dîner/le souper (Québec)	*la cena*	[la séna]
l'entrée	*el entrante*	[el entránte]

le fromage	*el queso*	[el késo]
les hors-d'œuvre	*los aperitivos*	[los aperitíbos]
le pain de maïs	*la arepa*	[la arépa]
les pâtes	*las pastas*	[las pástas]
le petit déjeuner/le déjeuner (Québec)	*el desayuno*	[el desayoúno]
le plat du jour	*el plato del día*	[el pláto del día]
le plat principal	*el plato principal*	[el pláto prinsipál]
les plats végétariens	*los platos vegetarianos*	[los plátos behetariános]
le riz	*el arroz*	[el arós]
la salade	*la ensalada*	[la ensaláda]
le sandwich	*el sandwich/ emparedado*	[el sangwítch | emparedádo]
la soupe	*la sopa*	[la sópa]
les tortillas (galettes de maïs)	*las tortillas*	[las tortíyas]

Petit déjeuner – *Desayuno*

les beignets	*los churros*	[los tchoúros]
le café	*el café*	[el kafé]
les céréales	*los cereales*	[los sereáles]
la confiture	*la confitura/el dulce*	[la konfitoúra | el doúlse]
les crêpes	*los panqueques/los crepes/las crepas*	[los pankékes | los krépes | las krépas]
le croissant	*el cruasán/el cangrejo/ la media luna*	[el krwasán | el kangréHo | la média loúna]

le fromage	*el queso*	[el késo]
le fromage frais/ fromage blanc	*el queso fresco*	[el késo frésko]
les fruits	*la fruta*	[la froúta]
les gaufres	*los gofres*	[los gófres]
le granola/musli	*la granola*	[la granóla]
le jus	*el jugo/zumo*	[el Hoúgo | soúmo]
la marmelade	*la mermelada*	[la mermeláda]
les œufs	*los huevos*	[los wébos]
l'omelette	*la tortilla*	[la tortíya]
le pain	*el pan*	[el pán]
le pain de blé entier	*el pan integral/de trigo/pan negro*	[el pán integrá l de trígo | pán négro]
le pain doré/pain perdu	*la torreja/el pan francés*	[la toreHa | el pan fransés]
les toasts	*las tostadas*	[las tostádas]
la viennoiserie	*la bollería/el pan de leche*	[la boyería | el pán de létche]
le yaourt/le yogourt	*el yogur*	[el yogoúr]
la bollería/el pan de leche	la viennoiserie	[la boyería | el pán de létche]
el café	le café	[el kafé]
el cruasán/cangrejo	le croissant	[el krwasán | kangréHo]
la confitura	la confiture	[la konfitoúra]
la fruta	les fruits	[la froúta]
los gofres	les gaufres	[los gófres]
la granola	le granola/musli	[la granóla]

los huevos	les œufs	[los wébos]
el jugo	le jus	[el Hoúgo]
la media luna	le croissant	[la média loúna]
la mermelada	la marmelade	[la mermeláda]
el pan	le pain	[el pán]
el pan francés	le pain doré	[el pan fransés]
el pan integral/de trigo/pan negro	le pain de blé entier	[el pán integrál | de trígo | pán négro]
los panqueques/los crepes/las crepas	les crêpes	[los pankékes | los krépes | las krépas]
el queso	le fromage	[el késo]
el queso fresco	le fromage frais/fromage blanc	[el késo frésko]
la torreja	le pain doré/pain perdu	[la toreHa]
las tostadas	les toasts	[las tostádas]
el yogur	le yaourt/le yogourt	[el yogoúr]
el zumo	le jus	[el soúmo]

Desserts – *Postres*

biscuits	*galletas*	[gayétas]
caramel	*caramelo*	[karamélo]
chocolat	*chocolate*	[tchokoláte]
crème-dessert	*crema postre/natillas*	[kréma póstre | natiyas]
flan	*flan*	[flán]
gâteau	*pastel/cake*	[pastél | kéik]
glace/crème glacée	*helado*	[eládo]

meringue	*merengue*	[merénge]
mousse au chocolat	*mousse de chocolate*	[mousse de tchokoláte]
pâtisserie	*repostería/pastelería*	[repostería	pastelería]
pouding	*pudin*	[poúdin]
sorbet	*sorbeto/sorbete*	[sorbéto	sorbéte]
tarte	*torta/pastel*	[tórta	pastél]
vanille	*vainilla*	[bainíya]

caramelo	caramel	[karamélo]
cake	gâteau	[kéik]
chocolate	chocolat	[tchokoláte]
crema postre	crème-dessert	[kréma póstre]
flan	flan	[flán]
pastel	gâteau	[pastél]
helado	glace/crème glacée	[eládo]
merengue	meringue	[merénge]
mousse de chocolate	mousse au chocolat	[mouss de tchokoláte]
pastelería	pâtisserie	[pastelería]
pudin	pouding	[poúdin]
sorbeto/sorbete	sorbet	[sorbéto	sorbéte]
torta	tarte	[tórta]
vainilla	vanille	[bainíya]

Boissons – *Bebidas*

boire	*beber*	[bebér]
la boisson gazeuse	*el refresco*	[el refrésko]
le café	*el café*	[el kafé]

le café au lait	el café con leche	[el kafé kón létche]
le coca	la coka	[la kóka]
la crème	la crema	[la kréma]
l'eau de fruit	el agua fresca	[el ágwa fréhka]
l'eau d'hibiscus	el agua jamaica	[el ágwa hamáika]
l'eau embouteillée	el agua embotellada	[el ágwa emboteyáda]
l'eau gazéifiée	el agua con gas	[el ágwa kón gás]
l'eau minérale	el agua mineral	[el ágwa minerál]
l'eau plate	agua sin gas	[ágwa sín gás]
l'eau purifiée	el agua purificada	[el ágwa purifikáda]
l'espresso	el expreso	[el espréso]
le jus	el jugo	[el Hoúgo]
le jus d'orange	el jugo de naranja	[el Hoúgo de naránHa]
le lait	la leche	[la létche]
lait de riz sucré	horchata	[ortcháta]
le sucre	el azúcar	[el asoúkar]
le thé	el té	[el té]
la tisane	la tisana/infusión	[la tisána	infousión]

Boissons alcoolisées – *Bebidas alcohólicas*

l'apéritif	el aperitivo	[el aperitíbo]
la bière	la cerveza	[la serbésa]
la bière artisanale	la cerveza artesanal	[la serbésa:rtesanál]
une bouteille	una botella	[oúna botéya]
la carte des vins	la carta de vinos	[la kárta de bínos]
le cocktail	el cóctel/combinado	[el kóktel	kombinádo]

un demi	*una media*	[úna média]
une demi-bouteille	*úna media botella*	[úna média botéya]
le digestif	*el digestivo*	[el dihestíbo]
avec glaçons	*con hielo*	[kón yélo]
sans glaçons	*sin hielo*	[sín yélo]
mousseux	*espumoso*	[espoumóso]
la spécialité locale	*la especialidad local*	[la espesialidá lokál]
un quart	*un cuarto*	[ún kwárto]
du vin	*vino*	[bíno]
le vin blanc	*el vino blanco*	[el bíno blánko]
du vin doux	*el vino dulce*	[el bíno doúlse]
le vin du pays	*el vino del país*	[el bíno del país]
le vin maison	*el vino casero/de la casa*	[el bíno kaséro | de la kása]
le vin rouge	*el vino tinto*	[el bíno tínto]
du vin sec	*vino seco*	[bíno séko]

CUISSON ET PRÉPARATION
COCCIÓN Y PREPARACIÓN

à la poêle	*a la sartén*	[a la sartén]
à point/médium	*punto medio/ en su punto*	[poúnto médio | en soú poúnto]
au four	*al horno*	[al órno]
bien cuit	*muy hecho*	[mwí étcho]
boulette	*albóndigas*	[albóndigas]
braisé	*a la brasa*	[a la brása]

brochette	*al pincho*	[al píntcho]
cru	*crudo*	[kroúdo]
cubes	*cubos*	[koúbos]
émincé	*cortado muy fino*	[kortádo mwí fíno]
farci	*relleno*	[reyéno]
fumé	*ahumado*	[aoumádo]
gratiné	*gratinado/al horno*	[gratinádo	al órno]
grillade	*asado*	[asádo]
haché	*picado/a*	[pikádo/a]
pané	*empanizado/ empanado*	[empanisádo	empanádo]
rosé	*rosado/rojizo*	[rosádo	roHiso]
rôti	*asado*	[asádo]
saignant	*poco hecho/sangriento*	[póko étcho	sangriénto]
sauté	*salteado*	[salteádo]
sur charbons de bois	*al carbón*	[al karbón]
sur le gril	*a la parrilla*	[a la paríya]
tartare	*tartar/tártara*	[tartar	tártara]
tranche	*loncha*	[lóntcha]

COUVERTS
CUBIERTOS

| l'assiette | *el plato* | [el pláto] |
| le couteau | *el cuchillo* | [el koutchíyo] |

la cuillère	*la cuchara*	[la koutchára]
la fourchette	*el tenedor*	[el tenedór]
la serviette de table	*la servilleta*	[la serbiyéta]
la soucoupe	*el platillo*	[el platíyo]
la tasse	*la taza*	[la tása]
le verre	*el vaso*	[el báso]

COMMANDER
PEDIR

le menu	*el menú*	[el menoú]
Nous avons une réservation.	*Tenemos una reservación.*	[tenémos oúna reserbasión]
Pouvons-nous simplement prendre un verre?	*¿Podemos simplemente tomar un trago?*	[podémos símpleménte tómar oun trágo]
Pouvons-nous simplement prendre un café?	*¿Podemos simplemente tomar un café?*	[podémos símpleménte tómar oun kafé]
J'aimerais voir le menu.	*Me gustaría ver el menú.*	[me goustaría ber el menoú]
Avez-vous un menu pour enfant?	*¿Tienen menú para niños?*	[tiénen menoú pára nígnos]
Quelle est votre recommandation?	*¿Qué me recomienda?*	[ké mé rekomiénda]
Je voudrais une spécialité de la maison.	*Quisiera una especialidad de la casa.*	[kisiéra oúna espesialidá de la kása]
Je vais prendre la même chose.	*Tomaré lo mismo.*	[tomaré lo míhmo]
Je suis végétarien/ne.	*Soy vegetariano/a.*	[sói behetariáno/a]

Je ne mange pas de porc.	*No como puerco/cerdo.*	[no kómo pwérko | sérdo]
Je suis allergique...	*Soy alérgico...*	[sói alérhiko]
aux arachides.	*a los cacahuetes/maníes*	[a los kakawétes | maníes]
au gluten.	*al gluten.*	[al gloúten]
aux noix.	*a las nueces.*	[a las nwéses]
aux œufs.	*al huevo.*	[al wébo]
aux produits laitiers.	*a los lácteos*	[a los lákteos]

GOÛTER ET APPRÉCIER
PROBAR Y APRECIAR

Ce plat est...	*Este plato está...*	[éste pláto está]
amer.	*amargo.*	[amárgo]
bon.	*bueno.*	[bwéno]
délicieux.	*delicioso.*	[delisióso]
doux.	*suave.*	[souábe]
épicé.	*picante/condimentado.*	[pikánte | kondimentádo]
fade.	*sin sabor.*	[sín sabór]
piquant.	*picante.*	[pikánte]
poivré.	*pimentado.*	[pimentádo]
salé.	*salado.*	[saládo]
sucré.	*dulce.*	[doúlse]

amargo	amer	[amárgo]
bueno	bon	[bwéno]
condimentado	épicé	[kondimentádo]
delicioso	délicieux	[delisióso]
dulce	sucré	[doúlse]
picante	piquant	[pikánte]
pimentado	poivré	[pimentádo]
salado	salé	[saládo]
sin sabor	fade	[sín sabór]
suave	doux	[suabe]

C'est froid.	*Está frío.*	[está frío]
C'est trop salé.	*Está muy salado.*	[está mwi saládo]
Ce n'est pas frais.	*No está fresco.*	[no está frésko]

SERVICE ET POURBOIRE
SERVICIO Y PROPINA

Acceptez-vous les cartes de crédit?	*¿Acepta usted tarjetas de crédito?*	[asépta ousté tarHétas de krédito]
Faites-vous la livraison?	*¿Hacen reparto a domicilio?*	[ásen repárto a domisílio]
Servez-vous du vin au verre?	*¿Puedo tomar sólo un vaso de vino?*	[pwédo tomar sólo oun baso de bino]
Nous n'avons pas eu...	*No hemos tenido...*	[no émos tenído]
J'ai demandé...	*Pedí...*	[pedí]
L'addition, s'il vous plaît.	*La cuenta, por favor.*	[la kwénta por fabór]

Français	Español	Pronunciación
Le service est-il compris?	*¿El servicio/la propina está incluido/a?*	[el serbísio | la propína está inclouído/a]
Merci, ce fut un excellent repas.	*Gracias, fue una excelente comida.*	[grásias fwé oúna ekselénte komída]
Merci, nous avons passé une très agréable soirée.	*Gracias, hemos pasado una agradable velada/noche.*	[grásias émos pasádo oúna agradáble beláda | nótche]

ALIMENTS
ALIMENTOS

Épices, herbes et condiments – *Especies, yerbas y condimentos*

basilic	*albahaca*	[albá:ka]
beurre	*mantequilla*	[mantekíya]
cannelle	*canela*	[kanéla]
coriandre	*culantro/cilantro*	[koulántro | silántro]
curry/cari	*curry*	[koúri]
épice	*condimento/especie*	[kondiménto | espésie]
épicé	*picante/condimentado/a*	[pikánte | kondimentádo/a]
gingembre	*jengibre*	[Henhíbre]
menthe	*menta/hierba buena*	[ménta | yérba bwéna]
moutarde douce	*mostaza suave*	[mostása swábe]
moutarde forte	*mostaza fuerte/picante*	[mostása fwérte | pikánte]
muscade	*nuez moscada*	[nwés moskáda]
oseille	*acedera*	[asedéra]

pain	*pan*	[pán]
poivre	*pimienta*	[pimiénta]
poivre rose	*pimienta roja*	[pimiénta róHa]
romarin	*romerillo*	[romeríyo]
sauce	*salsa*	[sálsa]
sauce piquante	*salsa picante*	[sálsa pikánte]
sauce soya	*salsa de soja/china*	[sálsa de sóya	tchína]
sauge	*salvia*	[sálbia]
sel	*sal*	[sál]
thym	*tomillo*	[tomíyo]
vinaigre	*vinagre*	[binágre]

acedera	oseille	[asedéra]
canela	cannelle	[kanéla]
culantro/cilantro	coriandre	[koulántro	silántro]
curry	curry/cari	[koúri]
albahaca	basilic	[albá:ka]
jengibre	gingembre	[Henhíbre]
menta/hierba buena	menthe	[ménta	yérba bwéna]
mostaza suave	moutarde douce	[mostása swábe]
mostaza fuerte/picante	moutarde forte	[mostása fwérte	pikánte]
nuez moscada	muscade	[nwés moskáda]
pimienta	poivre	[pimiénta]
pimienta roja	poivre rose	[pimiénta róHa]
romerillo	romarin	[romeríyo]
salsa picante	sauce piquante	[sálsa pikante]

salsa de soja/china	sauce soya	[sálsa de sóya | tchína]
salvia	sauge	[sálbia]
tomillo	thym	[tomíyo]
vinagre	vinaigre	[binágre]

Fruits – *Fruta*

abricot	*albaricoque*	[albarikóke]
amandes	*almendras*	[alméndras]
ananas	*piña*	[pígna]
arachide	*cacahuete/maní*	[kakaouete | maní]
banane	*plátano fruta*	[plátano froúta]
carambole	*carambola/pera china*	[karambóla | péra tchína]
cerise	*cereza*	[serésa]
citron	*limón*	[limón]
citrouille/potiron	*calabaza*	[kalabása]
clémentine	*clementina*	[klementína]
corrosol	*guanábana*	[gwanábana]
coco	*coco*	[kóko]
fraise	*fresa*	[frésas]
framboise	*frambuesa*	[franbwésas]
fruit de la passion	*murucuyá*	[mouroucoujá]
goyave	*guayaba*	[gouayába]
griotte	*guinda*	[gínda]
kiwi	*kiwi*	[kígwi]
lime	*lima*	[líma]
mandarine	*mandarina*	[mandarína]

mangue	*mango*	[mángo]
melon	*melón*	[melón]
mûr/e	*maduro/a*	[madoúro/a]
mûre	*mora*	[móra]
noisettes	*avellanas*	[abeyánas]
noix	*nueces*	[nouéses]
orange	*naranja*	[naránHa]
pamplemousse	*toronja*	[torónHa]
papaye	*papaya*	[papáya]
pêche	*melocotón*	[melokotón]
plantain	*plátano*	[plátano]
poire	*pera*	[péra]
pomelo	*toronja grande*	[torónHa gránde]
pomme	*manzana*	[mansána]
prune	*ciruela*	[sirwéla]
raisin	*uva*	[oúba]
raisins secs	*pasas*	[pásas]
tangerine	*tangerina/mandarina*	[tanherína | mandarína]
vert/e	*verde*	[bérde]

almendras	amandes	[alméndras]
avellanas	noisettes	[abeyánas]
calabaza	citrouille/potiron	[kalabása]
cacahuete/maní	arachide	[kakaouete | maní]
carambola	carambole	[karambóla]
cereza	cerise	[serésa]
clementina	clémentine	[klementína]

coco	coco	[kóko]
frambuesa	framboise	[franbwésas]
fresas	fraise	[frésas]
guanábana	corrosol	[gwanábana]
guayaba	goyave	[gouayába]
guinda	griotte	[gínda]
kiwi	kiwi	[kígwi]
lima	lime	[líma]
limón	citron	[limón]
maduro/a	mûr/e	[madoúro/a]
mandarina	mandarine	[mandarína]
mango	mangue	[mángo]
mani	arachide	[maní]
manzana	pomme	[mansána]
melocotón	pêche	[melokotón]
melón	melon	[melón]
mora	mûre	[móra]
murucuyá	fruit de la passion	[mouroucouyá]
naranja	orange	[naránHa]
nueces	noix	[noueses]
papaya	papaye	[papáya]
pasas	raisins secs	[pásas]
pera	poire	[péra]
piña	ananas	[pígna]
plátano	plantain	[plátano]
plátano fruta	banane	[plátano froúta]

tangerina	tangerine	[tanierína]
toronja	pamplemousse	[torónHa]
toronja grande	pomelo	[torónHa gránde]
uva	raisin	[oúba]
verde	vert	[bérde]

Légumes – *Verduras*

ail	*ajo*	[áHo]
asperges	*espárragos*	[espáragos]
aubergines	*berenjenas*	[berenHénas]
avocat	*aguacate*	[agwakáte]
brocoli	*brócoli/brécol*	[brókoli	brékol]
cactus	*cactus/nopal*	[káktous	nopal]
carotte	*zanahoria*	[sanaória]
céleri	*apio*	[ápio]
champignon	*hongo/champiñón*	[óngo	tchampignón]
chou	*col/repollo*	[kól	repóyo]
chou-fleur	*coliflor*	[koliflór]
chou de Bruxelles	*col de Bruselas*	[kól de brousélas]
concombre	*pepino*	[pepíno]
courge	*calabaza*	[kalabása]
courgette	*calabacilla/cita*	[kalabasíya	kalabasíta]
cresson	*berro*	[béro]
endives	*endibias*	[endíbias]
épinards	*espinacas*	[espinákas]

fenouil	*hinojo*	[inóHo]
haricots	*frijoles*	[friHóles]
laitue	*lechuga*	[letchoúga]
maïs	*maíz*	[maís]
navet	*nabo*	[nábo]
ocra	*quimbombó/quiambo/ quingambó/gombó*	[kimbombó | kiámbo | kingambó | gombó]
oignon	*cebolla*	[sebóya]
piment	*ají*	[aHí]
poireau	*cebollino*	[seboyíno]
pois	*judía/porotos*	[Houdías | porótos]
pois chiche	*garbanzo*	[garbánso]
pois mange-tout	*habichuelas*	[abitchwélas]
poivron	*pimiento*	[pimiénto]
pommes de terre	*papas*	[pápas]
radis	*rábanos*	[rábanos]
tomate	*tomate*	[tomáte]
aguacate	avocat	[agwakáte]
ají	piment	[aHí]
ajo	ail	[áHo]
apio	céleri	[ápio]
berenjenas	aubergines	[berenHénas]
berro	cresson	[béro]
brócoli/brécol	brocoli	[brókoli | brékol]
cactus	cactus	[káktous]
calabaza	courge	[kalabása]

calabacilla/cita	courgette	[kalabasíya | kalabasíta]
cebolla	oignon	[sebóya]
cebollino	poireau	[seboyíno]
champiñón	champignon	[tchampignón]
col	chou	[kól]
col de Bruselas	chou de Bruxelles	[kól de brousélas]
coliflor	chou-fleur	[koliflór]
espárragos	asperges	[espáragos]
espinacas	épinards	[espinákas]
judía	pois	[Houdías]
frijoles	haricots	[friHóles]
garbanzo	pois chiche	[garbánso]
gombó	ocra	[gombó]
habichuelas	pois mange-tout	[abitchwélas]
hinojo	fenouil	[inóHo]
hongo	champignon	[óngo]
lechuga	laitue	[letchoúga]
maíz	maïs	[maís]
nabo	navet	[nábo]
nopal	cactus	[nopál]
papas	pommes de terre	[pápas]
pepino	concombre	[pepíno]
pimiento	poivron	[pimiénto]
porotos	pois	[porótos]

quimbombó/quiambo/ quingambó/gombó	ocra	[kimbombó | kiámbo | kingambó | gombó]
rábanos	radis	[**r**ábanos]
repollo	chou	[**r**epóyo]
tomate	tomate	[tomáte]
zanahoria	carotte	[sanaória]

Viandes – *Carnes*

agneau	*cordero*	[kordéro]
bifteck	*bistec/bisté*	[bifték | bisté]
bœuf	*carne de res*	[kárne de **r**és]
boudin	*morcilla*	[morsíya]
caille	*codorniz*	[kodornís]
canard	*pato*	[páto]
cerf	*ciervo*	[siérbo]

En Argentine, le traditionnel *asado*, le barbecue argentin, se déguste dans une *parillada*, qui tire son nom de l'appareil sur lequel on fait cuire la viande, la *parilla*. Ce repas presque cérémoniel commence toujours par un service d'*achurras* (abats), suivi des *chorizos* (saucisses), de la *morcilla* (boudin noir) et des *chinchulines* (tripes). Deux coupes de viande typiquement argentines restent à l'honneur : le *bife de chorizo* (faux-filet) et le *bife de lomo* (bifteck de côte d'aloyau). Un peu de *chimichurri* (sauce) avec ça ?

cervelle	*sesos*	[sésos]
chapon	*pollo de cría*	[póyo de kría]
chèvre	*cabra*	[kábra]
chevreau	*cabrito*	[kabríto]
côtelette	*costilla*	[kostíya]
cuisse	*muslo*	[moúslo]
dinde	*guanajo/pavo*	[gwanáHo | pábo]
entrecôte	*entrecote/solomillo*	[entrekóte | solomíyo]
escalope	*escalope*	[eskalópe]
filet	*filete*	[filéte]
foie	*hígado*	[ígado]
iguane	*iguana*	[igwána]
jambon	*jamón*	[Hamón]
jarret	*jarrete*	[Haréte]
langue	*lengua*	[léngwa]
lapin	*conejo*	[konéHo]
lièvre	*liebre/mará (Argentina)*	[liébre | mará]
magret de canard	*filete de pato*	[filéte de páto]
oie	*ganso/a*	[gánso/a]
pattes	*patas/corva*	[pátas]
perdrix	*perdiz*	[perdís]
poitrine	*pechuga*	[petchoúga]
porc	*puerco/cerdo*	[pwérko | serdo]
poulet	*pollo*	[póyo]
rognons	*riñones*	[rignónes]

sanglier	*jabalí/puerco salvaje*	[Habalí | pwérko salbaHe]
saucisse	*embutido/chorizo*	[emboutído | tchoríso]
veau	*ternero*	[ternéro]
venaison	*venado*	[benádo]
viande	*carne*	[kárne]
volaille	*aves*	[ábes]
biftec/bisté	bifteck	[bifték]
cabra	chèvre	[kábra]
cabrito	chevreau	[kabríto]
carne de res	bœuf	[kárne de **r**és]
cerdo	porc	[sérdo]
ciervo	cerf	[siérbo]
codorniz	caille	[kodornís]
conejo	lapin	[konéHo]
cordero	agneau	[kordéro]
corva	patte	[kórba]
costilla	côtelette	[kostíya]
entrecote	entrecôte	[entrekóte]
escalope	escalope	[eskalópe]
filete	filet	[filéte]
filete de pato	magret de canard	[filéte de páto]
ganso/a	oie	[gánso/a]
guanajo	dinde	[gwanáHo]
hígado	foie	[ígado]
iguana	iguane	[igwána]

jabalí	sanglier	[Habalí]
jamón	jambon	[Hamón]
lengua	langue	[léngwa]
liebre	lièvre	[liébre]
morcilla	boudin	[morsíya]
muslo	cuisse	[moúslos]
patas	pattes	[pátas]
pato	canard	[páto]
pavo	dinde	[pábo]
pechuga	poitrine	[petchoúga]
perdiz	perdrix	[perdís]
pollo	poulet	[póyo]
pollo de cría	chapon	[póyo de kría]
puerco	porc	[pwérko]
puerco salvaje	sanglier	[pwérko salbaHe]
riñones	rognons	[rignónes]
sesos	cervelle	[sésos]
solomillo	entrecôte	[solomíyo]
ternero	veau	[ternéro]

Poissons et fruits de mer – *Pescados y mariscos*

anchois	*anchoas*	[antchóas]
anguille	*anguila*	[angíla]
bar	*bar*	[bár]
calmar	*calamar*	[kalamár]

colin	*merluza*	[merloúsa]
crabe	*cangrejo*	[kangréHo]
crevettes	*camarones/gambas*	[kamarónes | gámbas]
darne	*rodaja*	[rodáHa]
escargot	*cobo/caracol*	[kóbo | karakól]
espadon	*espadón*	[espadón]
filet	*filete*	[filéte]
hareng	*arenque*	[arénke]
homard	*bogavante*	[bogabánte]
huîtres	*ostras*	[óstra]
langouste	*langosta*	[langósta]
langoustine	*langostín/langostino*	[langostín | langostíno]
loup de mer	*lubina*	[loubína]
merlan	*merlán*	[merlán]
moules	*mejillones*	[meHiyónes]
morue	*bacalao*	[bakaláo]
oursin	*erizo*	[eríso]
palourdes	*almejas*	[alméhas]
pétoncles	*pechina*	[petchina]
pieuvre	*pulpo pequeño*	[poúlpo pekégno]
poulpe	*pulpo*	[poúlpo]
raie	*raya*	[ráya]
requin	*tiburón*	[tibourón]
sardines	*sardinas*	[sardínas]
saumon	*salmón*	[salmón]

saumon fumé	*salmón ahumado*	[salmón aoumádo]
sole	*lenguado*	[lengwádo]
thon	*atún*	[atoún]
truite	*trucha*	[troútcha]
turbot	*turbo/rodaballo*	[toúrbo	rodaballo]
vivaneau	*rabi rubia/huachinango*	[rabi roúbia	watchinango]
anchoas	anchois	[antchóas]
anguila	anguille	[angíla]
arenque	hareng	[arénke]
atún	thon	[atoún]
bacalao	morue	[bakaláo]
bar	bar	[bár]
bogavante	homard	[bogabánte]
calamar	calmar	[kalamár]
cangrejo	crabe	[kangréHo]
camarones	crevettes	[kamarónes]
almejas	palourdes	[alméhas]
caracol	escargot	[karakól]
erizo	oursin	[eríso]
espadón	espadon	[espadón]
filete	filet	[filéte]
gambas	crevettes	[gámbás]
huachinango	vivaneau	[watchinango]
langosta	langouste	[langósta]

langostín/langostino	langoustine	[langostín | langostíno]
lenguado	sole	[lengwádo]
lubina	loup de mer	[loubína]
merlán	merlan	[merlán]
merluza	colin	[merloúsa]
ostras	huîtres	[óstra]
petchina	pétoncles	[petchína]
pulpo	poulpe	[poúlpo]
pulpo pequeño	pièuvre	[poúlpo pekégno]
rabi rubia	vivaneau	[rabiroubia]
raya	raie	[ráya]
rodaballo	turbot	[rodaballo]
rodaja	darne	[rodáHa]
salmón	saumon	[salmón]
salmón ahumado	saumon fumé	[salmón aoumádo]
sardinas	sardines	[sardínas]
tiburón	requin	[tibourón]
trucha	truite	[troútcha]
turbo	turbot	[toúrbo]

En Colombie, on emploie le mot *trago* pour parler des boissons alcooliques en général. Au Venezuela, on dit *caña*. *Caña* est le mot usuel en Espagne pour commander une bière pression.

Danseurs de tango dans les rues de Buenos Aires, en Argentine.
© Michel Pare

SORTIES

DIVERTISSEMENTS
DIVERSIONES

le ballet	*el ballet*	[el balé]
le baseball	*el béisbol*	[el béisból]
la billetterie	*la taquilla*	[la takíya]
le cinéma	*el cine*	[el síne]
le concert	*el concierto*	[el konsiérto]
la danse folklorique	*la danza folclórica*	[la dánza folklórika]
l'entracte	*el entreacto*	[el entreákto]
le folklore	*el folklore*	[el folklóre]
le guichet	*la taquilla*	[la takíya]
le hockey	*el hockey*	[el óki]
l'opéra	*la ópera*	[la ópera]
le programme	*el programa*	[el prográma]
le siège	*el asiento*	[el asiénto]
le siège réservé	*el asiento reservado*	[el asiénto reserbádo]
le soccer	*el fútbol*	[el foútbol]
le spectacle	*el espectáculo*	[el espektákoulo]
la tauromachie	*la tauromaquia*	[la taouromákia]
le théâtre	*el teatro*	[el teátro]
le toréador	*el torero*	[el toréro]

Quelle spectacle me suggérez-vous ce week-end?	*¿Qué espectáculo me sugiere para este fin de semana?*	[ké:spectákulo me souhiére pára éste fín de semána]
Je voudrais assister à un concert.	*Me gustaría ir a un concierto.*	[mé goustaría ir a:oun konsiérto]
Combien coûte l'entrée?	*¿Cuánto cuesta la entrada?*	[kwánto kwésta la entráda]
Je voudrais deux places/billets.	*Quisiera... dos asientos/boletos.*	[kisiéra dós asiéntos | bolétos]
Les places les moins chères	*Los asientos más baratos.*	[los asiéntos más barátos]
Les meilleures places.	*Los mejores asientos.*	[los meHóres asiéntos]
Est-ce qu'il reste des places pour...?	*¿Quedan asientos para...?*	[kédan asiéntos pára]
Quel jour présente-t-on...?	*¿Qué día presentan...?*	[ké día preséntan]
Est-ce en version originale?	*¿Es en versión original?*	[es en bersión orihinál]
Est-ce sous-titré?	*¿Está subtitulado?*	[está soubtitouládo]

VIE NOCTURNE
VIDA NOCTURNA

l'apéritif	*el aperitivo*	[el aperitíbo]
l'alcool	*el alcohol*	[el alkól]
le bar	*el bar*	[el bár]
le bar gay	*el bar de gays*	[el bár de géis]
le bar lesbien	*el bar de lesbianas*	[el bár de lesbiánas]
le barman	*el barman/camarero*	[el bárman I camaréro]

la bière	la cerveza	[la serbésa]
la boisson importée	la bebida importada	[la bebída importáda]
la boisson nationale	la bebida nacional	[la bebída nasionál]
la boîte de nuit	el club nocturno/la discoteca/el antro	[el kloúb noctoúrno | la diskotéka | el ántro]
le chanteur	el cantante	[el kantánte]
la consommation	la consumición	[la konsoumisión]
la danse	el baile	[el báile]
le digestif	el digestivo	[el dihestíbo]
la discothèque	la discoteca	[la diskotéka]
l'eau minérale	el agua mineral	[el ágwa minerál]
l'eau minérale gazeuse	el agua mineral gaseosa	[el ágwa minerál gaseósa]
le droit d'entrée	la entrada	[la entráda]
la fête	la fiesta	[la fiésta]
ivre	borracho/ebrio/curda	[borátcho | ébrio | kourda]
le jazz	el jazz	[el yás]
jouer au billard	jugar al billar	[hougár al biyár]
le jus d'orange	jugo de naranja	[hoúgo de naránHa]
le milieu gay	el ambiente gay	[el ambiénte géi]
le musicien	el músico	[el moúsiko]
la musique en direct	la música en vivo	[la moúsika en bíbo]
la piste de danse	la pista/plataforma de baile	[la písta | platafórma de báile]
prendre un verre	tomar/darse un trago	[tomár | dárse oun trágo]
Santé! (pour trinquer)	¡Salud!	[saloú]

le soda	*la soda*	[la sóda]
le strip-tease	*el strip-tease*	[el estríhtis]
la tequila	*el tequila*	[el tekíla]
le travesti	*el travesti*	[el trabésti]
le vermouth	*el vermú*	[el bermoú]
un verre	*un trago*	[oun trágo]
le vin	*el vino*	[el bíno]
Quelle est la meilleure boîte de nuit dans le coin?	*¿Cuál es la major discoteca de la zona?*	[kwál es la mehór diskotéka de la sóna]
Connaissez-vous un bon endroit où prendre un verre?	*¿Conoce un buen lugar para tomar un trago?*	[konóse oun bwén lougár pára tomár oun trágo]
J'aimerais boire un cocktail.	*Quisiera tomar un cóctel.*	[kisiéra tomár oun kóktel]
J'aimerais aller...	*Me gustaría ir...*	[mé goustaría ir]
dans une brasserie artisanale.	*a una cervecería artesanal.*	[a oúna serbesería artesanál]
dans un club de salsa.	*a un club de salsa.*	[a oun cloúb de sálsa]
danser.	*a bailar.*	[a bailár]
boire un verre.	*a tomar un trago.*	[a tomár oun trágo]
dans un bar à vin.	*a un bar de vinos/wine bar.*	[a oun bár de bínos | wáin bár]
dans un karaoké.	*a un cantabar/karaoke.*	[a oun kantabár | karaoke]
À quelle heure la plupart des gens viennent-ils?	*¿A qué hora viene la mayoría de la gente?*	[a ke óra biéne la mayoría de la hénte]

À quelle heure est le spectacle?	*¿A qué hora es el espectáculo?*	[a ke óra es el espéktákoulo]
Est-ce que cette musique te plaît?	*¿Te gusta esta música?*	[te goústa ésta moúsika]
Est-ce que tu prends un verre?	*¿Tomas un trago?*	[tómas oun trágo]
Qu'est-ce que tu prends?	*¿Qué vas a tomar?*	[ke bás a tomár]
Est-ce que tu viens danser?	*¿Vienes a bailar?*	[biénes a bailár]
Cherchons un endroit tranquille pour bavarder.	*Busquemos un lugar tranquilo para charlar.*	[bouskémos oun lougár trankílo pára tcharlár]

L'expression *Voy a rumbear* signifie « Je vais en boîte »; pour demander « Où est la fête? », on dit *¿Dónde es la Rumba?* Le terme « boîte (de nuit) » peut varier selon le pays. On utilise généralement *discoteca*, mais en Colombie on peut entendre *salseadero*, et en Argentine *boliche*.

Un marché de textiles,
au Guatemala.
© iStockphoto.com/sbrogan

ACHATS

HORAIRE ET RENSEIGNEMENTS
HORARIO E INFORMACIÓN

fermé	*cerrado*	[ser*á*do]
ouvert	*abierto*	[abiérto]
poussez	*empujar*	[empouhár]
tirez	*tirar*	[tirár]
À quelle heure ouvrent les boutiques?	*¿A qué hora abren las tiendas?*	[a ke óra ábren las tiéndas]
À quelle heure ferment les boutiques?	*¿A qué hora cierran las tiendas?*	[a ke óra sié*r*an las tiéndas]
Est-ce ouvert le dimanche?	*¿Abren los domingos?*	[ábren los domíngos]
Est-ce que les boutiques sont ouvertes aujourd'hui?	*¿Las tiendas están abiertas hoy?*	[las tiéndas están abiértas ói]
À quelle heure fermez-vous?	*¿A qué hora cierra usted?*	[a ke óra sié*r*a ousté]
À quelle heure ouvrez-vous demain?	*¿A qué hora abre usted mañana?*	[a ke óra ábre ousté magnána]
Avez-vous d'autres succursales?	*¿Tiene usted otras sucursales?*	[tiéne ousté ótras soukoursáles]
Où se trouve le supermarché le plus près d'ici?	*¿Dónde se encuentra el supermercado más cercano?*	[dónde se:nkwéntra el soupermerkádo más serkáno]

MARCHANDER
NEGOCIAR/REGATEAR

Je voudrais acheter...	*Quisiera comprar...*	[kisiéra komprár]
Je ne fais que regarder.	*Solo estoy mirando.*	[solo estói mirándo]
Quel est le prix?	*¿Cuál es el precio?*	[kwál es el présio]
Combien cela coûte-t-il?	*¿Eso cuánto es/cuesta?*	[éso kwánto es | kwésta]
Pouvez-vous me faire un meilleur prix?	*¿Puede hacerme un mejor precio?*	[pwéde asérme oun meHór présio]
En avez-vous des moins chers?	*¿Tiene más baratos?*	[tiéne más barátos]
Quels sont vos soldes?	*¿Cuáles son sus ofertas?*	[kwáles són soús ofértas]
Pouvez-vous m'écrire le prix?	*¿Puede usted escribirme el precio?*	[pwéde ousté escribírme:l présio]
Avez-vous de la monnaie?	*¿Tiene usted monedas sueltas?*	[tiéne ousté monédas swéltas]
Ça ne me plaît pas.	*Eso no me gusta.*	[éso no mé goústa]
C'est trop cher.	*Es demasiado caro.*	[es demasiádo káro]
Je n'ai pas assez d'argent.	*No tengo bastante dinero.*	[no téngo bastánte dinéro]
Je peux vous en donner...	*Puedo darle...*	[pwédo dárle]
Quel est votre dernier prix?	*¿Cuál es su último precio?*	[kwál es soú:ltimo présio]
Acceptez-vous...	*¿Aceptan...*	[aséptan]
les dollars?	*dólares?*	[dólares]

les euros?	euros?	[éouros]
cartes de débit/ bancaires?	tarjetas de débito/ bancarias?	[tarHétas de débito | bankárias]
Est-ce que vous acceptez les cartes de crédit?	¿Acepta tarjetas de crédito?	[asépta tarHétas de krédito]
C'est une bonne affaire.	Es un chollo/un buen trato.	[es oun tchóyo | oun bwen tráto]
C'est une arnaque!	¡Es una estafa!	[es oúna estáfa]
Marché conclu!	¡Trato hecho!	[tráto étcho]

SPÉCIALITÉS
ESPECIALIDADES

la boutique	la tienda	[la tiénda]
le cadeau	el regalo	[el regálo]
le centre commercial	el centro comercial	[el séntro komersiál]
l'équipement sportif	el equipo deportivo	[el ekípo deportíbo]
la galerie d'art	la galería de arte	[la galería de árte]
les jouets	los juguetes	[los Hougétes]
le marché	el mercado	[el merkádo]
le marché d'alimentation	el mercado de alimentos	[el merkádo de aliméntos]
le marché d'artisanat	el mercado de artesanía	[el merkádo de artesanía]
le marché public	el mercado público	[el merkádo poúbliko]

la pharmacie	*la farmacia*	[la farmásia]
les produits de beauté	*los productos de belleza/cosméticos*	[los prodoúktos de beyésa | kosmétikos]
la quincaillerie	*la quincallería/ ferretería*	[la kinkayería | feretería]
le supermarché	*el supermercado*	[el soupermerkádo]
la tabagie	*la tienda de tabaco*	[la tiénda de tabáco]
Je cherche une boutique de...	*Busco una tienda de...*	[boúsko oúna tiénda de]

Agent de voyages – *Agente de viajes*

Je voudrais modifier ma date de retour.	*Quisiera modificar mi fecha de regreso.*	[kisiéra modifikár mi fétcha de regréso]
Je voudrais acheter un billet pour...	*Quisiera comprar un billete/boleto para...*	[kisiéra komprár oun biyéte | boléto pára]

Artisanat – *Artesanía*

l'antiquité	*la antigüedad*	[la:ntigwedá]
l'argenterie	*la platería*	[la platería]
l'artisanat	*la artesanía*	[la:rtesanía]
l'artiste	*el artista*	[el artísta]
la bague	*el anillo*	[el aníyo]
le bijou	*la joya*	[la hóya]
le bois sculpté	*la madera tallada*	[la madéra tayáda]
les bottes	*las botas*	[las bótas]

les boucles d'oreilles	*los pendientes/aretes/ aros*	[los pendiéntes | arêtes | áros]
le bracelet	*la pulsera*	[la poulséra]
la broderie	*el bordado*	[el bordádo]
la céramique	*la cerámica*	[la serámika]
le cigare	*el cigarro/el puro*	[el sigáro | el poúro]
le collier	*el collar*	[el koyár]
le chapeau	*el sombrero*	[el sombréro]
les chaussures	*los zapatos*	[los sapátos]
le cuir	*el cuero*	[el kwéro]
la dentelle	*el encaje*	[el enkáhe]
le hamac	*la hamaca*	[la:máka]
l'instrument de musique	*el instrumento de música*	[el instrouménto de moúsika]
marbre	*mármol*	[mármol]
la maroquinerie	*marroquinería*	[marokinería]
le masque	*la máscara*	[la máscara]
la poterie	*la alfarería/cerámica*	[la:lfarería | serámika]
le sac	*el bolso*	[el bólso]
la sculpture	*la escultura*	[la eskultoúra]
soie	*seda*	[séda]
le tapis	*la alfombra*	[la:lfómbra]
le tissu	*el tejido/la tela*	[el tellido | la téla]
la toile	*el lienzo/la tela*	[el liénso | la téla]

la vannerie	*la cestería*	[la sestería]
le verre soufflé	*el vidrio soplado*	[el bídrio sopládo]
la verrerie	*la cristalería/vidriería*	[la kristalería | bidriería]

Blanchisserie – *Tintorería*

la buanderie	*la lavandería*	[la labandería]
le nettoyeur à sec	*el lavado en seco*	[el labádo en séko]
Pouvez-vous laver et repasser cette chemise pour demain?	*¿Puede lavar y planchar esta camisa para mañana?*	[pwéde lábar i plantchár ésta kamísa pára magnána]

Coiffeur – *Peluquero*

Je voudrais...	*Quisiera...*	[kisiéra]
me faire couper les cheveux.	*un corte de pelo.*	[oun kórte de pélo]
me faire raser/tailler la barbe.	*afeitarme/acicalarme la barba.*	[afeitárme I asikalárme la bárba]
rafraîchir ma coupe.	*sanear mi pelo.*	[sanéar mí pélo]

Disquaire – *Tienda de discos*

Avez-vous un CD de...?	*¿Tiene un disco de...?*	[tiéne oun dísko de]
Quel est le plus récent CD de...?	*¿Cuál es el disco más reciente de...?*	[kwál es el dísko más resiénte de]
Est-ce que je peux l'écouter?	*¿Lo puedo escuchar?*	[lo pwédo eskoutchár]

Pouvez-vous me dire qui chante? | *¿Puede decirme quién canta?* | [pwéde desírme kién kánta]

Avez-vous un autre CD de...? | *¿Tiene otro disco de...?* | [tiéne ótro dísko de]

Photographie – *Fotografía*

l'appareil photo | *la cámara de fotos* | [la kámara de fótos]

le câble | *el cable* | [el káble]

la carte mémoire | *la tarjeta de memoria* | [la tarHéta de memória]

l'équipement photographique | *el equipo de fotografía* | [el ekípo de fotografía]

les piles | *las pilas* | [las pílas]

Je voudrais acheter une carte mémoire pour mon appareil photo. | *Quisiera comprar una tarjeta de memoria para mi cámara de fotos.* | [kisiéra komprár oúna tarHéta de memória pára mí kámara de fótos]

Je voudrais télécharger/téléverser ces photos... | *Quisiera descargar estas fotos...* | [kisiéra deskargár éstas fótos]

sur mon ordinateur. | *en mi compoutadora.* | [en mí compoutadóra]

sur ma clé USB. | *en mi memoria USB.* | [en mí memória wesebé]

Je voudrais graver ces photos sur un CD. | *Quisiera grabar estas fotos en un CD.* | [kisiéra grabár éstas fótos en oun sedé]

Équipement informatique – *Equipo de informática*

l'équipement informatique	*el equipo de informática*	[el ekípo de informátika]
la liseuse	*el libro electrónico/ e-book*	[el líbro elektróniko | iboúk]
la tablette	*la tableta*	[la tabléta]
le portable	*el portátil*	[el portátil]
Faites-vous les réparations?	*¿Hacen reparaciones?*	[ásen reparasiónes]
Comment/où puis-je me brancher sur Internet?	*¿Cómo/dónde puedo conectarme a Internet?*	[kómo | dónde pwédo konektárme a internét]

Librairie – *Librería*

l'atlas routier	*el mapa de carreteras*	[el mápa de karetéras]
le beau livre	*el libro con ilustraciones*	[el líbro con iloustrasiónes]
la carte	*el mapa*	[el mápa]
une carte plus précise	*un mapa más preciso*	[oun mápa más presíso]
le dictionnaire	*el diccionario*	[el diksionário]
le guide de voyage	*la guía de viajes*	[la gía de biáHes]
les journaux	*los diarios/periódicos*	[los diários | periódikos]
la librairie	*la librería*	[la librería]
la littérature	*la literatura*	[la literatoúra]
le livre	*el libro*	[el líbro]

les magazines	*las revistas*	[las *r*ebístas]
la poésie	*la poesía*	[la poesía]
le répertoire des rues	*el callejero*	[el kayeHéro]
Avez-vous des livres en français?	*¿Tiene libros en francés?*	[tiéne líbros en fransés]

Optométriste/oculiste – *Oculista*

J'ai brisé mes lunettes.	*Rompí mis gafas/ espejuelos/lentes.*	[rompí mís gáfas	espeHwélos	léntes]
Je voudrais faire remplacer mes lunettes.	*Quisiera cambiar mis espejuelos/gafas.*	[kisiéra kambiár mis espeHwélos	gáfas]
J'ai perdu mes lunettes.	*Perdí mis espejuelos/ gafas.*	[perdí mis espeHwélos	gáfas]
J'ai perdu mes lentilles cornéennes.	*Perdí mis lentes de contacto.*	[perdí mis léntes de kontákto]
Voici mon ordonnance.	*Esta es mi receta.*	[ésta es mi *r*eséta]
Je dois passer un nouvel examen de la vue.	*Debo hacerme un nuevo examen de la vista.*	[débo asérme oun nwébo eksámen de la bísta]

Vêtements – *Ropas*

l'anorak	*el impermeable/ chubasquero*	[impermeáble	tchoubaskéro]
la cabine d'essayage	*probadores de ropa*	[probadóres de *r*ópa]
la caisse	*la caja*	[la cáHa]
le caleçon boxeur	*los calzoncillo/calzones*	[los kalsonsíyos	kalsónes]

la casquette	*la gorra*	[la gó*r*a]
la ceinture	*el cinto/cinturón*	[el sínto | sintourón]
le chapeau	*el sombrero*	[el sombréro]
le chandail	*el suéter/jersey*	[el swéter | yérsi]
les chaussettes	*las medias/ los calcetines*	[las médias | los kalsetínes]
les chaussures	*los zapatos*	[los sapátos]
la chemise	*la camisa*	[la kamísa]
le complet	*el traje*	[el tráHe]
le coupe-vent	*el impermeable*	[el impermeáble]
la cravate	*la corbata*	[la korbáta]
la culotte	*el blúmer/el panti/los calzones*	[el blúmer | el pánti | los kalzónes]
le jean	*los jeans/vaqueros/ tejanos/la pitusa*	[los yín | bakéros | teHános | la pitoúsa]
la jupe	*la saya/falda/pollera (Panamá)*	[la sáya | fálda | poyera]
le maillot de bain	*el traje de baño/ bañador/la trusa (Cuba)*	[el tráHe de bágno | bagnadór | la trúsa]
le manteau	*el abrigo*	[el abrígo]
le pantalon	*el pantalón*	[el pantalón]
le peignoir	*la bata de casa/de cuarto/de levantar*	[la báta de kása | de kwárto | de lebantár]
le pull	*el jersey/pulóver*	[el yérsi | poulóber]
la robe	*el vestido*	[el bestído]
le short	*los pantalones cortos*	[los pantalónes kórtos]
le sous-vêtement	*la ropa interior*	[la *r*ópa interiór]

le soutien-gorge	*el ajustador/sostén*	[el aHoustadór | sostén]
le tailleur	*el traje*	[el tráHe]
le t-shirt	*la camiseta/el pulover*	[la kamiséta | el poulóber]
la veste	*la chaqueta*	[la tchakéta]
le veston	*el chaquetón*	[el tchaketón]
les vêtements	*la ropa/los vestidos*	[la rópa | los bestídos]
les vêtements pour enfants	*la ropa para niños*	[la rópa pára nígnos]
les vêtements pour femmes	*la ropa para mujeres*	[la rópa pára mouHéres]
les vêtements pour hommes	*la ropa para hombres*	[la rópa pára ómbres]
les vêtements sport	*la ropa deportiva*	[la rópa deportíba]

L'espagnol du Chili peut faire sourciller plus d'un voyageur non averti! Son accent et ses expressions sont appelés « chilénismes ». Les dernières consonnes sont souvent aspirées et le débit est rapide, rendant parfois difficile la compréhension! À la 2e personne du singulier des verbes en -ar, la terminaison *as* se prononce *ai*. Ainsi *¿Como estas?* devient *¿Como estai?* et *¿Donde vas?* se transforme en *¿Donde vai?*. Les Chiliens utilisent également à profusion le terme *¿Cachaï?*, qui veut simplement dire « Tu comprends? ».

Est-ce que je peux l'essayer?	*¿Me lo puedo probar?*	[me lo pwédo probár]
Est-ce que je peux essayer une taille plus grande?	*¿Puedo probarme una talla más grande?*	[pwédo probárme oúna táya más gránde]
Est-ce que je peux essayer une taille plus petite?	*¿Puedo probarme una talla más pequeña?*	[pwédo probárme oúna táya más pekégna]
Est-ce que vous faites les rebords/la retouche?	*¿Hacen los bordes/los retoques?*	[ásen los bórdes | los retókes]
Est-ce qu'il faut payer pour la retouche?	*¿Hay que pagar por los retoques?*	[ái ke págar por los retókes]
Quand est-ce que ce sera prêt?	*¿Para cuándo estará listo?*	[pára kwándo estára lísto]
En avez-vous des plus...	*¿Tienen más...*	[tiénen más]
grands?	*grandes?*	[grándes]
petits?	*pequeños?*	[pekégnos]
larges?	*anchos?*	[ántchos]
légers?	*ligeros?*	[lihéros]
foncés?	*oscuros?*	[oskoúros]
clairs?	*claros?*	[kláros]
économiques?	*económicos?*	[ekonómikos]
amples?	*amplios?*	[ámplios]
serrés?	*estrechos?*	[estrétchos]
simples?	*simples?*	[símples]
souples?	*suaves?*	[swábes]

Tissus – *Telas*

acrylique	*acrílico*	[akríliko]
coton	*algodón*	[algodón]
laine	*lana*	[lána]
lin	*lino/hilo*	[líno | ílo]
polyester	*poliéster*	[poliéster]
rayonne	*rayón/seda artificial*	[rayón | séda artifisiál]
soie	*seda*	[séda]
De quel tissu est-ce fait?	*¿De qué material está hecho?*	[de ke materiál está étcho]
Est-ce que c'est 100% coton?	*¿Es algodón 100%?*	[es algodón sien por siento]

Une artisane à Isla del Sol, en Bolivie.
© iStockphoto.com/Bartosz Hadyniak

RAPPORTS HUMAINS

SALUTATIONS
SALUDOS

Bonjour/Salut!	*¡Buenos días/hola!*	[bwénos días | óla]
Bonsoir, je m'appelle...	*Buenas noches, me llamo...*	[bwénas nótches me yámo]
Comment allez-vous?	*¿Cómo está usted?*	[kómo está ousté]
Très bien, et vous?	*¿Muy bien, y usted?*	[mwí bién i ousté]
Je vous présente...	*Le presento a...*	[le presénto a]
Comment vous appelez-vous?	*¿Cómo se llama usted?*	[kómo sé yáma ousté]
Enchanté.	*Mucho gusto/ encantado*	[moútcho goústo | enkantádo]
Monsieur	*Señor*	[ségnor]
Madame	*Señora*	[segnóra]
Mademoiselle	*Señorita*	[segnoríta]
À plus tard!	*¡Hasta luego!*	[ásta lwégo]
Au revoir!	*¡Adiós!*	[adiós]

FAIRE CONNAISSANCE
CONOCERSE

Je suis ici...	*Estoy aquí...*	[estóy akí]
en vacances.	*de vacaciones.*	[de bakasiónes]

avec mon conjoint/ ma conjointe.	*con mi pareja, compañero/a.*	[kón mí paréha | kompagnér/a]
en voyage.	*de viaje.*	[de biáHe]
pour mes études.	*por mis estudios.*	[pór mís estoúdios]
pour mon travail.	*por trabajo.*	[pór trabáHo]
avec ma famille.	*con mi familia.*	[kón mí família]
en voyage de noces.	*de viaje de novios/de luna de miel.*	[de biáHe de nóbios | de loúna de miél]
Je vous présente...	*le presento a...*	[le presénto a]
mon conjoint/ma conjointe.	*mi pareja, compañero/a.*	[mi paréHa | kompagnér/a]
mes enfants.	*mis hijos.*	[mis íHos]
mon époux/mon épouse.	*mi esposo/esposa.*	[mi espóso | espósa]
mon fils/ma fille.	*mi hijo/a.*	[mí:Ho/a]
mon fiancé/ma fiancée.	*mi prometido/a, novio/a*	[mi prometido/a | mi nóbio/a]
mon ami/e.	*mi amigo/a*	[mi amígo/a]
mon/ma collègue.	*mi colega*	[mi koléga]
De quel pays venez-vous?	*¿De qué país viene?*	[de ke país biéne]
De quelle nationalité êtes-vous?	*¿Cuál es su nacionalidad?*	[kwál es soú nasionalidá]
Je suis...	*Soy...*	[sói]
Canadien.	*canadiense.*	[kanadiénse]
Belge.	*belga.*	[bélga]

Français/e.	*francés/a.*	[fransés/a]
Suisse.	*suizo/a.*	[swíso/a]
Quel âge avez-vous?	*¿Cuántos años tiene?*	[kwántos ágnos tiéne]
J'ai 30 ans.	*Tengo 30 años.*	[téngo tréinta ágnos]
C'est la première fois que vous venez ici?	*¿Es su primera vez aquí?*	[es soú priméra bés akí]
C'est la première fois que je viens ici.	*Es la primera vez que vengo.*	[es la priméra bés ke béngo]
Je suis ici pour deux semaines.	*Estaré aquí dos semanas.*	[estaré akí dós semánas]
Depuis combien de temps êtes-vous ici?	*¿Desde cuándo está usted aquí?*	[désde kwándo está ousté akí]
Je suis arrivé il y a deux jours.	*Llegué hace dos días.*	[yegé áse dós días]
Êtes-vous ici en vacances ou pour le travail?	*¿Está aquí de vacaciones o por trabajo?*	[está:ki de bakasiónes o por trabáHo]
Que faites-vous dans la vie?	*¿Qué hace en la vida?*	[ke áse en la bída]
Habitez-vous ici depuis longtemps?	*¿Vive aquí desde hace tiempo?*	[bíbe akí désde áse tiémpo]
C'est un/e magnifique...	*Es una hermosa...*	[es oúna ermósa]
région.	*región.*	[rehión]
ville.	*ciudad.*	[sioudá]
pays.	*(un hermoso) país.*	[oun ermóso páis]

VIE PROFESSIONNELLE
VIDA PROFESIONAL

Je vous présente...	*Le presento a...*	[le presénto a]
Enchanté/e	*Encantado/a*	[enkantádo/a]
J'aimerais avoir un rendez-vous avec le directeur.	*Me gustaría tener una cita con el director.*	[me goustaría tenér oúna síta kón el direktór]
Puis-je avoir le nom du directeur?	*¿Puede darme el nombre del director?*	[pwéde dárme el nómbre del direktór]
Puis-je avoir le nom de la personne responsable...	*¿Puede darme el nombre de la persona responsable...*	[pwéde dárme el nómbre de la persóna responsáble]
du marketing?	*del marketing?*	[del márketin]
des importations?	*de las importaciones?*	[de las importasiónes]
des exportations?	*de las exportaciònes?*	[de las eksportasiónes]
des ventes?	*de las ventas?*	[de las béntas]
des achats?	*de las compras?*	[de las kómpras]
du personnel?	*del personal?*	[del personál]
de la comptabilité?	*de la contabilidad?*	[de la kontabilidá]
C'est urgent.	*Es urgente.*	[es ourhénte]
Je suis..., de la société...	*Soy..., de la sociedad...*	[sói de la sosiedá]
Elle n'est pas ici en ce moment.	*Ella no está aquí en este momento.*	[éya no está akí en éste moménto]
Elle est sortie.	*Ella salió.*	[éya salió]
Quand sera-t-elle de retour?	*¿Cuándo estará de regreso?*	[kwándo estará de regréso]

Pouvez-vous lui demander de me rappeler?	*¿Puede decirle que me llame?*	[pwéde desírle ke me yáme]
Je suis de passage à México pour trois jours.	*Estoy de pasada en México por tres días.*	[estói de pasada en méhiko por trés días]
Je suis à l'hôtel... Vous pouvez me joindre au..., chambre...	*Estoy en el hotel... Puede encontrarme en..., habitación...*	[estói en el otél pwéde enkontrárme en abitasión]
J'aimerais vous rencontrer brièvement pour vous présenter notre produit.	*Me gustaría encontrarme un momento con usted para presentarle nuestro producto.*	[me goustaría enkontrárme oun momento kon ousté pára presentárle nwéstro prodoúkto]
J'aimerais vous rencontrer brièvement pour discuter d'un projet.	*Me gustaría encontrarle un momento para discutir sobre un proyecto.*	[me goustaría enkontrárle oun momento pára diskoutír sóbre oun proyékto]
Nous cherchons un distributeur pour...	*Buscamos un distribuidor para...*	[bouskámos oun distribwidór pára]
Nous aimerions importer votre produit, le...	*Nos gustaría importar su producto, el...*	[nos goustaría importár sou prodoúkto el]

Au Mexique, l'expression *Ni modo* signifie « Ce n'est pas grave » ou « Tant pis ». En Colombie, cette expression signifie qu'il n'y a pas d'autre solution à une situation difficile. Au Venezuela, la même expression est *Qué va*. Alors, pour dire « Ce n'est pas grave », on utilise l'expression *No es grave* ou *No hay problema*.

Professions – *Profesiones*

Je suis...	*Soy...*	[sói]
administrateur/trice	*administrador/a*	[administradór/a]
agent de voyages	*agente de viajes*	[ahénte de biáHes]
agent de bord	*tripulante*	[tripoulánte]
architecte	*arquitecto*	[arkitékto]
artiste	*artista*	[artísta]
athlète	*atleta*	[atléta]
avocat/e	*abogado/a*	[abogádo/a]
biologiste	*biólogo/a*	[biólogo/a]
chômeur/euse	*estoy sin trabajo/ parado/a*	[estói sin trabáHo | parádo/a]
coiffeur/euse	*peluquero/a*	[peloukéro/a]
comptable	*contador/a, contable*	[kontadór/a | kontáble
cuisinier/cuisinière	*cocinero/a*	[kosinéro/a]
dentiste	*dentista*	[dentísta]
désigner	*diseñador*	[diseñadór]
diététicien/ne	*dietista*	[dietísta]
directeur/trice	*director/a*	[direktór/a]
écrivain/e	*escritor/a*	[eskritór/a]
éditeur/trice	*editor/a*	[editór/a]
étudiant/e	*estudiante*	[estoudiánte]
fonctionnaire	*funcionario*	[founsionário]
graphiste	*grafista*	[grafísta]
guide accompagnateur/ trice	*guía acompañante*	[gía akompagnánte]

L'ÉTIQUETTE EN AFFAIRES

Généralement, les relations d'affaires en Amérique latine sont bien encadrées par une hiérarchie qui définit clairement les rôles de chacun. Utiliser le vouvoiement et les titres liés aux études ou au poste supérieur lorsqu'on s'adresse à un collègue est de rigueur. Il faut aussi porter une tenue vestimentaire propre et de bonne qualité. Les clés de la réussite incluent le sens de l'humour, la patience et la modération. On évite les sujets délicats comme la politique interne et la religion et on brise la glace en parlant de football, de cuisine, de famille et de lieux touristiques.

infirmier/ère	*enfermero/a*	[enferméro/a]
informaticien/ne	*informático/a*	[informátiko/a]
ingénieur/e	*ingeniero/a*	[inheniéro/a]
journaliste	*periodista*	[periodísta]
libraire	*librero/a*	[libréro/a]
mécanicien/ne	*mecánico/a*	[mekániko/a]
médecin	*médico/a*	[médiko/a]
militaire	*militar*	[militár]
musicien/ne	*músico*	[moúsiko]
ouvrier/ère	*obrero/a*	[obréro/a]
photographe	*fotógrafo/a*	[fotógrafo/a]
pilote	*piloto*	[pilóto]
professeur/e	*profesor/a*	[profesór/a]

psychologue	*psicólogo/a*	[sikólogo/a]
secrétaire	*secretario/a*	[sekretário/a]
serveur/euse	*camarero/a*	[kamaréro/a]
technicien/ne	*técnico/a*	[tékniko/a]
urbaniste	*urbanista*	[ourbanísta]
vendeur/euse	*vendedor/a*	[bendedór/a]

Domaines d'emplois – *Ámbitos/sectores de trabajo*

Je travaille dans le domaine...	*Trabajo en el sector de...*	[trabáHo en el sektór de]
des communications	*de las comunicaciones*	[de las komounikasiónes]
de la construction	*de la construcción*	[de la konstrouksión]
du désign	*del diseño*	[del diségno]
de l'édition	*de la edición*	[de la edisión]
de l'éducation	*de la educación*	[de la edoukasión]
de l'électricité	*de la electricidad*	[de la elektrisidá]
de l'hôtellerie	*de la hostelería*	[de la ostelería]
de l'informatique	*de la informática*	[de la informátika]
manufacturier	*de la manufactura*	[de la manoufaktúra]
des médias	*de las comunicaciones*	[de las komounikasiónes]
de la musique	*de la música*	[de la moúsika]
public	*del público*	[del poúbliko]
de la publicité	*de la publicidad*	[de la poublisidá]
de la restauration	*de la restauración*	[de la restaourasión]
de la santé	*de la salud*	[de la saloú]

du spectacle	*del espectáculo*	[del espektákoulo]
du sport	*del deporte*	[del depórte]
des télécommunications	*de las telecomunicaciones*	[de las telekomounikasiónes]
du voyage	*de los viajes*	[de los biáHes]

Domaines d'études – *Campos de estudio*

Dans quel domaine étudiez-vous?	*¿Qué campo estudia usted?*	[ké kámpo estoúdia ousté]
J'étudie en...	*Estudio...*	[estoúdio]
administration	*administración*	[administrasión]
architecture	*arquitectura*	[arkitektoúra]
art	*arte*	[árte]
biologie	*biología*	[biolohía]
comptabilité	*contabilidad*	[kontabilidá]
diététique	*dietética*	[dietétika]
droit	*derecho*	[derétcho]
environnement	*medio ambiente*	[médio ambiénte]
géographie	*geografía*	[heografía]
graphisme	*grafismo*	[grafísmo]
histoire	*historia*	[istória]
infirmerie	*enfermería*	[enferméría]
informatique	*informática*	[informátika]
ingénierie	*ingeniería*	[inheniería]
journalisme	*periodismo*	[periodísmo]
langues	*lenguas*	[léngwas]

littérature	*literatura*	[literatoúra]
médecine	*medicina*	[medisína]
psychologie	*psicología*	[sikolohía]
science politique	*ciencia política*	[siénsia polítika]
tourisme	*turismo*	[tourísmo]
J'étudie...	*Estudio...*	[estoúdio]
au lycée.	*en el liceo.*	[en el liséo]
au collège.	*en el instituto.*	[en el istitoúto]
à l'université.	*en la universidad.*	[en la:ounibersidá]
Es-tu étudiant?	*¿Eres estudiante?*	[éres estoudiánte]
Qu'étudies-tu?	*¿Qué estudias?*	[ke estoúdias]

En Colombie, pour faire référence à une fille, on dit *china*; et pour un garçon, *chino* (soit exactement de la même façon qu'on appelle les habitants de la Chine!). Au Chili, on dit *cabra* pour les filles. Au Venezuela, c'est *chamo* pour les garçons et *chama* pour les filles. À Cuba, on dit *pipo* pour les garçons.

FAMILLE
FAMILIA

le frère	*el hermano*	[el ermáno]
la sœur	*la hermana*	[la ermána]

mes frères et sœurs	*mis hermanos/ hermanas*	[mis ermános | ermánas]
la mère	*la madre*	[la mádre]
le père	*el padre*	[el pádre]
le fils	*el hijo*	[el íHo]
la fille	*la hija*	[la íHa]
la grand-mère	*la abuela*	[la abwéla]
le grand-père	*el abuelo*	[el abwélo]
le neveu	*el sobrino*	[el sobríno]
la nièce	*la sobrina*	[la sobrína]
le cousin	*el primo*	[el prímo]
la cousine	*la prima*	[la príma]
le beau-frère	*el cuñado*	[el kougnádo]
la belle-sœur	*la cuñada*	[la kougnáda]
Nous voyageons en famille.	*Viajamos en familia.*	[biaHámos en família]
Nous sommes deux adultes et deux enfants.	*Somos dos adultos y dos niños.*	[sómos dós adoúltos i dós nígnos]
Les enfants sont-ils admis?	*¿Se admiten niños?*	[se admíten nígnos]
Y a-t-il un service de garde pour les enfants?	*¿Hay servicio de guardería para niños?*	[ái serbísio de gwardería pára nígnos]
Y a-t-il...	*¿Hay...*	[ái]
des activités familiales?	*actividades para familias?*	[aktibidádes pára famílias]
un banc d'appoint?	*alzador para niños?*	[alsadór pára nígnos]

une chaise haute?	*trona?*	[tróna]
un menu pour enfant?	*menú para niños?*	[menoú pára nígnos]
un parc?	*un parque?*	[oun párke]
un parc à thème?	*un parque temático?*	[oun párke temátiko]
une piscine pour enfant?	*una piscina para niños?*	[oúna pisína pára nígnos]
une poussette?	*cochecito/carriola?*	[kotchesíto | karióla]
un terrain de jeu?	*un parque de juegos?*	[oun párke de Hwégos]
Où puis-je allaiter mon enfant?	*¿Dónde puedo amamantar a mi hijo?*	[dónde pwédo amamantár a mí:Ho]
Nous sommes en visite chez mon cousin.	*Estamos de visita en casa de mi primo.*	[estámos de bisíta en kása de mí prímo]
Votre famille vit-elle également ici?	*¿Su familia vive también aquí?*	[sou família bíbe también akí]

L'ÉTIQUETTE ET LES RELATIONS HUMAINES

En général, les Latino-Américains occupent davantage l'espace personnel de leurs interlocuteurs. Ils discutent de plus près en se touchant fréquemment, les épaules ou les bras, par exemple. La poignée de main est de mise lors d'une première rencontre. Amis et famille, hommes ou femmes, se font la bise sur les joues ou une accolade.

| Avez-vous des frères et sœurs? | ¿Tiene hermanos? | [tiéne:rmános] |
| Avez-vous des enfants? | ¿Tiene hijos? | [tiéne íHos] |

RENCONTRES
ENCUENTROS

affectueux	*cariñoso*	[karignoso]
beau/belle	*bonito/a, guapo/a, hermoso/a*	[boníto/a | gwápo/a | ermóso/a]
charmant/e	*encantador/a*	[enkantadór/a]
un compliment	*un piropo*	[oun pirópo]
une conquête	*una conquista*	[oúna konkísta]
un couple	*una pareja*	[oúna paréHa]
discret/e	*discreto/a*	[diskréto/a]
draguer	*ligar*	[ligár]
enchanté/e	*encantado/a*	[enkantádo/a]
fatigué/e	*fatigado/a*	[fatigádo/a]
la femme	*la mujer*	[la mouHér]
fidèle	*fiel*	[fiél]
la fille	*la chica/muchacha*	[la tchíka | moutchátcha]
le garçon	*el chico/muchacho*	[el tchíko | moutchátcho]
grand/e	*grande*	[gránde]
l'homme	*el hombre*	[el ómbre]

une invitation	una invitación	[oúna inbitasión]
inviter	invitar	[inbitár]
jaloux/jalouse	celoso/a	[selóso/a]
jeune	joven	[Hóben]
joli/e	bonito/a, lindo/a	[boníto/a | líndo/a]
laid/e	feo/a	[féo/a]
macho	macho	[mátcho]
mignon/ne	lindo/a, bonito/a, hermoso/a	[líndo/a | boníto/a | ermóso/a]
personnalité	personalidad	[personalidá]
petit/e	pequeño/a	[pekégno/a]
un rendez-vous	una cita	[oúna síta]
seul/e	solo/a	[sólo/a]
sexe sécuritaire	sexo seguro	[sékso segoúro]
sexy	sexy	[séksi]
sympathique	simpático/a	[simpátiko/a]
vieux/vieille	viejo/a	[biéHo/a]
Je suis...	Soy...	[sói]
célibataire.	soltero/a.	[soltéro/a]
divorcé/e.	divorciado/a.	[diborsiádo/a]
fiancé/e.	(Estoy) prometido/a.	[estói prometído/a]
marié/e.	casado/a.	[kasádo/a]
séparé/e.	separado/a.	[separádo/a]
veuf/ve.	viudo/a.	[bioúdo/a]

Je suis...	Soy...	[sói]
bisexuel/le.	bisexual.	[bisekswál]
gay.	gay/homo/ homosexual.	[géi | omo | omosekswál]
hétérosexuel.	heterosexual.	[eterosekswál]
lesbienne.	lesbiana.	[lesbiána]
transgenre.	transgénero.	[transhénero]
transsexuel/le.	transexual.	[transekswál]
Pourriez-vous me présenter à cette demoiselle/ce jeune homme?	¿Podría usted presentarme a esa muchacha/muchacho?	[podría ousté presentárme a ésa moutchátcha | moutchátcho]
Est-ce que c'est ton ami/e, là-bas?	¿Aquél es tu amigo/a?	[akél es tou amígo/a]
Lequel/laquelle?	¿Cuál?	[kwál]
le blond/la blonde?	¿el rubio/la rubia?	[el roúbio | la roúbia]
le roux/la rousse?	¿el pelirrojo/la pelirroja?	[el peliróHo | la peliRóha]
le brun/la châtaine?	¿el moreno/la morena?	[el moreno | la moréna]
Puis-je t'offrir un verre?	¿Puedo invitarte a un trago?	[pwédo inbitárte a:oun trágo]
Tu as du feu?	¿Tienes fuego?	[tiénes fwégo]
Es-tu célibataire?	¿Eres soltero/a?	[éres soltéro/a]
Tu es très sympa!	¡Eres muy simpático/a!	[éres mwí simpátiko/a]
Tu me plais beaucoup.	Me gustas mucho.	[mé goústas moútcho]
J'aime ton sourire.	Me gusta tu sonrisa.	[mé goústa tou sonrísa]

Tu es bien mignon/ne.	*Eres muy lindo/a, bonito/a, hermoso/a.*	[éres mwi líndo/a | boníto/a | ermóso/a]
As-tu un ami/une amie?	*¿Tienes un amigo/a?*	[tiénes oun amígo/a]
Quel dommage!	*¡Que lástima!*	[ke lástima]
Aimes-tu les hommes/les femmes?	*¿Te gustan los hombres/las mujeres?*	[te goústan los ómbres | las muHéres]
Pouvons-nous nous revoir demain soir?	*¿Podemos volver a vernos mañana por la noche?*	[podémos bolbér a bérnos magnána por la nótche]
Quand pouvons-nous nous revoir?	*¿Cuándo podemos volver a vernos?*	[kwándo podémos bolbér a bérnos]
Es-tu sur Facebook?	*¿Tienes facebook?*	[tiénes féysbouk]
Est-ce qu'on peut se joindre par Skype?	*¿Podemos hablar por skype?*	[podémos ablár por eskáip]
J'aimerais t'inviter à dîner demain soir.	*Me gustaría invitarte a comer mañana por la noche.*	[me goustaría imbitárte a komér magnána por la nótche]
Viens-tu chez moi?	*¿Vienes a mi casa?*	[biénes a mi kása]
Pouvons-nous aller chez toi?	*¿Podemos ir a tu casa?*	[podémos ir a tou kása]
J'ai passé une excellente soirée avec toi.	*He pasado una excelente noche contigo.*	[he pasádo oúna ekselénte nótche kontígo]
Je suis amoureux/se de toi.	*Estoy enamorado/a de ti.*	[estói enamorádo/a de tí]
Voici mon adresse courriel/mail.	*Aquí tienes mi correo electrónico/mail.*	[akí tiénes mi koréo elektróniko | méil]
Quel est ton adresse courriel/mail?	*¿Cuál es tu correo electrónico/mail?*	[kwál es tou koréo elektrónico | méil]

J'ai un petit ami/une petite amie.	*Tengo novio/novia.*	[téngo nóbio | nóbia]
Je dois partir.	*Tengo que irme.*	[téngo ké írme]
Tu ne m'intéresses pas.	*No estoy interesado/a.*	[no estói interesádo/a]
Laisse-moi tranquille!	*Déjame tranquilo/a.*	[déHame trankílo/a]

SENSATIONS ET ÉMOTIONS
SENSACIONES Y EMOCIONES

J'ai faim.	*Tengo hambre.*	[téngo ámbre]
Nous avons faim.	*Tenemos hambre.*	[tenémos ámbre]
Il a faim.	*Él tiene hambre.*	[él tiéne ámbre]
Elle a faim.	*Ella tiene hambre.*	[éya tiéne ámbre]
J'ai soif.	*Tengo sed.*	[téngo sé]
Je suis fatigué/e.	*Estoy cansado/a.*	[estói kansádo/a]
J'ai froid.	*Tengo frío.*	[téngo frío]
J'ai chaud.	*Tengo calor.*	[téngo kalór]
Je suis malade.	*Estoy enfermo/a.*	[estói enférmo/a]
Je suis content/e.	*Estoy contento/a.*	[estói konténto/a]
Je suis heureux/ heureuse.	*Soy feliz.*	[sói felís]
Je suis satisfait/e.	*Estoy satisfecho/a.*	[estói satisfétcho/a]
Je suis désolé/e.	*Lo siento.*	[lo siénto]
Je suis déçu/e.	*Estoy defraudado/a.*	[estói defraoudádo/a]
Je m'ennuie.	*Me aburro.*	[me aboúro]

J'en ai assez.	*Es suficiente.*	[es soufisiénte]
Je suis impatient/e de...	*Estoy impaciente de...*	[estói impasiénte de]
Je m'impatiente.	*Me impaciento.*	[me impasiénto]
Je suis curieux/ curieuse de...	*Tengo curiosidad de...*	[tengo kouriosidá de]
Je suis égaré/e.	*Estoy perdido/a.*	[estói perdído/a]
Je suis perdu/e.	*Estoy perdido/a.*	[estói perdído/a]
Je suis inquièt/e.	*Estoy preocupado/a.*	[estói preokupádo/a]
Je suis très chanceux/ chanceuse.	*Soy muy afortunado/a.*	[sói mwí afortounádo/a]
Je suis un peu triste.	*Estoy un poco triste.*	[estói oun póko tríste]
Je suis stressé/e.	*Estoy estresado/a.*	[estói estresádo/a]
Je suis vraiment étonné/e.	*Estoy muy sorprendido/a.*	[estói mwí sorprendído/a]
Je suis d'accord.	*Estoy de acuerdo.*	[estói de:akouérdo]
Je suis contre.	*Estoy en contra.*	[estói en kóntra]
Qu'en penses-tu?	*¿Qué piensas tú?*	[ké piénsas toú]
Je trouve cela...	*Me parece...*	[me parése]
ennuyeux.	*aburrido.*	[abourído]
étrange.	*raro.*	[ráro]
génial.	*genial.*	[hèniál]
intéressant.	*interesante.*	[interesánte]
très bien.	*muy bien.*	[mwí bién]

QUELQUES EXPRESSIONS COURANTES

¿Qué onda?	[ké ónda]	Ça va?
¿Qué pasó?	[ké pasó]	Quoi de neuf?
¡No mames!	[no mámes]	Ne déconnes pas!
¡Órale/ándale!	[órale I ándale]	Ça marche/super!
¡Qué rico!	[ké *r*íko]	C'est bon! (un plat)
¡Qué padre/chido/ bacán!	[ké pádre I tchído I bacán]	C'est cool!
¿Mande?	[mánde]	Pardon/qu'est-ce que vous dites?
¿Bueno?	[bwéno]	Allo? (au téléphone)
¡No chingues!	[no tchínges]	Ne m'embête pas!
¡Buen provecho!	[bwén probétcho]	Bon appétit!
¡Qué lástima!	[ké lástima]	Quel dommage!

DICTIONNAIRE ESPAGNOL → FRANÇAIS

A

abadía
abbaye 91

abajo
en bas 40, 125

abdomen
abdomen 57

abeja
abeille 57

abierto
ouvert 41, 159

abogado/a
avocat/e 178

abrigo
manteau 168

abril
avril 50

abrir
ouvrir 35

abuela
grand-mère 183

abuelo
grand-père 183

aburrido/a
ennuyeux/euse 190

aburrirse
s'ennuyer 189

accidente
accident 88

acedera
oseille 137

aceite
huile 85

aceptar
accepter 37

acicalar
tailler 164

acrílico
acrylique 171

actividad al aire libre
activité de plein air 104

acuario
aquarium 91

acuerdo
accord 190

acusado/a
accusé/e 61

adiós
au revoir 173
salut 39

administración
administration 181

administrador/a
administrateur/trice 178

aduana
douane 54

adulto
adulte 183

aeropuerto
aéroport 74

afeitar
raser 164

afortunado/a
chanceux/euse 190

agente de viajes
agent de voyages 162, 178

agosto
août 50

agredido
agressé 60

agua
eau 85

aguacate
avocat 142

agua con gas
eau gazéifiée 131

agua embotellada
eau embouteillée 131

agua fresca
eau de fruit 131

agua jamaica
eau d'hibiscus 131

agua mineral
eau minérale 131, 155

agua mineral gaseosa
eau minérale gazeuse 155

agua purificada
eau purifiée 115, 131

agua sin gas
eau plate 131

ahí
là 40, 81

ahora
maintenant 48

ahumado
fumé 133

aire acondicionado
air conditionné 71, 83, 84
climatisation 114

ají
piment 143

ajo
ail 142

ajustador
soutien-gorge 169

a la brasa
braisé 132

a la parrilla
sur le gril 133

a la sartén
à la poêle 132

albahaca
basilic 137

albaricoque
abricot 139

albergue
auberge 111

albergue juvenil
auberge de jeunesse 111

albóndiga
boulette 132

alcaldía
hôtel de ville 92

al carbón
sur charbons de bois 133

alcohol
alcool 154

alemán/a
Allemand/e 53

Alemania
Allemagne 51

alergia
allergie 56

alérgico/a
allergique 57, 135

alfarería
poterie 163

alfombra
tapis 163

algodón
coton 171

al horno
au four 132
gratiné 133

alimento
aliment 137

alimento natural
aliment naturel 123

al lado de
à côté de 40

allí
là 81

almeja
palourde 149

almendra
amande 139

almohada
oreiller 115

almuerzo
déjeuner, dîner 126

alojamiento
hébergement 111

al pincho
brochette 133

alquilar
louer 106

alquiler
location 82

alto
arrêt 80
arrêtez 59

alzador para niños
banc d'appoint 183

amamantar
allaiter 184

amar
aimer 25

amargo
amer 135

amarillo
jaune 47

ámbito de trabajo
domaine d'emploi 180

ambulancia
ambulance 56, 60

a menudo
souvent 48

americano/a
Américain/e 53

amigo/a
ami/e 174

aminorar
ralentir 81

amplio
ample 170

ancho
large 170

anchoa
anchois 148

andén
quai 79

anguila
anguille 148

anillo
bague 162

animal
animal 109

año
année 51

Año Nuevo
An, jour de l' 68

año pasado
année passée, an dernier 51

anovulatorio
novulant 58

anteayer
avant-hier 49

antena
antenne 84

antes
avant 48

antibiótico
antibiotique 57

anticongelante
antigel 84

antigüedad
antiquité 162

antigüedade
antiquité 99

antiinsectos
insectifuge 59

antro
boîte de nuit 155

antropología
anthropologie 99

anular
annuler 71

aparcamiento
stationnement 81

aparcar, prohibido
stationnement interdit 81

apartado postal
poste restante 63

apartamento
appartement 111

aperitivo
apéritif 131, 154
hors-d'œuvre 127

apio
céleri 142

aquí
ici 40, 81

árbol
arbre 109

arcada
arcade 91

arco
arc 91

arena
sable 108

arenque
hareng 149

arepa
pain de maïs 127

aretes
boucles d'oreilles 163

Argentina
argentin/e 53
Argentine 52

arma
arme 60

aros
boucles d'oreilles 163

arqueología
archéologie 99

arquería
arcade 91

arquitecto
architecte 178

arquitectura
architecture 99, 181

arranque
démarreur 84

arrecife de coral
récif corallien 108
récif de corail 104

arriba
en haut 40, 125

arroz
riz 127

art decó
Art déco 99

arte
art 181

arte africano
art africain 99

arte amerindio
art amérindien 99

arte asiático
art asiatique 99

arte colonial
art colonial 99

arte contemporáneo
art contemporain 99

arte decorativa
art décoratif 99

arte moderno
art moderne 99

arte precolombino
art précolonial 99

artesanía
artisanat 162

artista
artiste 99, 162, 178

Art nouveau
Art nouveau 99

asado
grillade 133
rôti 133

ascensor
ascenseur 114

asiento
siège 86, 153

basílica
basilique 91

bastante
assez 160

bata de casa
peignoir 168

bata de cuarto
peignoir 168

bate
bâton 106

bebé
bébé 112

beber
boire 130

bebida
boisson 130

bebida alcohólica
boisson alcoolisée 131

bebida importada
boisson importée 155

bebida nacional
boisson nationale 155

béisbol
baseball 153

belga
Belge 53, 174

Bélgica
Belgique 52

berenjena
aubergine 142

berro
cresson 142

bicicleta
bicyclette 106
vélo 106

bicicleta de montaña
vélo de montagne 106

bien
bien 40

billar
billard 155

billete
billet 55, 71, 162
ticket 77, 98

billete de vuelta
billet de retour 55

biología
biologie 181

biólogo/a
biologiste 178

bisexual
bisexuel/le 187

bisté
bifteck 145

bistec
bifteck 145

blanco/a
blanc/che 47

blúmer
culotte 168

bocina
avertisseur 84

bogavante
homard 149

boleto
billet 162
ticket 77

Bolivia
Bolivie 52

boliviano/a
Bolivien/ne 53

bollería
viennoiserie 128

bolso
sac 54, 163

bombona de aire
bonbonne d'oxygène 106

bonito/a
beau, belle 185
joli/e 186
mignon/ne 187, 188

bordado
broderie 163

borde
rebord 170

borracho
ivre 155

bota
botte 162

botella
bouteille 46, 131

botella de aire
bonbonne d'oxygène 106

botín
bottine 107

Brasil
Brésil 52

brasilero/a
Brésilien/ne 53

brécol
brocoli 142

brócoli
brocoli 142

buenas noches
bonne nuit 39

buenas tardes
bonjour (l'après-midi) 39
bonsoir 39

bueno/a
bon/ne 135

buenos días
bonjour 39, 173

bulevar
boulevard 80

bulla
bruit 112

bungalow
bungalow 111

bus
bus 76

C

cabeza
tête 57

cabina
cabine 107

cabina de teléfono
cabine téléphonique 63

cable
câble 165

cabra
chèvre 146

cabrito
chevreau 146

cacahuete
arachide 135, 139

café con leche
café au lait 131

café internet
café Internet 65

cafetera
cafetière 114

cafeteria
cafétéria 104

caja
boîte 46
caisse 167

caja de seguridad
coffret de sûreté 115

cajero automático
guichet automatique,
distributeur de billets 62

cake
gâteau 129

calabacilla
courgette 142

calabacilla/cita
courgette 142

calabaza
citrouille, potiron 139
courge 142

calamar
calmar 148

calcetín
chaussette 168

calefacción
chauffage 84, 114

calle
rue 81

callejero
répertoire des rues 167

callejuela
ruelle 81

calle peatonal
rue piétonne 81

calmado
calme 112

calor
chaud 68, 189

calzón
caleçon boxeur 167
culotte 168

calzoncillo
caleçon boxeur 167

cama
couchette 79
lit 113

cámara de fotos
appareil photo 165

camarero
barman 154

camarero/a
serveur/euse 180

camarón
crevette 149

camarote
cabine 75

cambiar
changer 71

cambio
correspondance 77
taux de change 62

caminata
promenade 93

camino
chemin 98

camión
autobus, bus
(Mexique) 76

camisa
chemise 168

camiseta
t-shirt 169

campanario
clocher 91

camping
camping 111

campo de golf
terrain de golf 117

campo de estudio
domaine d'études 181

Canadá
Canada 52

caña de pescar
canne à pêche 107

canadiense
Canadien/ne 53, 174

canal
canal 80

canal francés
chaîne française 116

cortina
rideau 116
store 116

corva
patte 146

cosmético
produit de beauté 162

costar
coûter 37

costarricense
Costaricain/e 53

costilla
côtelette 146

crema
crème 131

crema para el sol
crème solaire 58

crema postre
crème-dessert 129

crepa
crêpe 127

crepe
crêpe 127

cristalería
verrerie 164

cruasán
croissant 127

cruce
carrefour 80

crudo
cru 133

cuadro
tableau 101

cuál
lequel, laquelle 187

cuándo
quand 41, 48

cuánto
combien 45

cuarenta
quarante 43

cuarto
quart 45, 132
quatrième 44

cuatro
quatre 43

cuatro por cuatro
véhicule 4x4 82

cubierto
couvert 115, 133

cubito de hielo
glaçon 115

cubo
cube 133

cubrecama
couvre-lit 115

cuchara
cuillère 134

cuchillo
couteau 60, 133

cuenta
addition 136

cuero
cuir 163

cuidado
attention 59

culantro
coriandre 137

cuñada
belle-soeur 183

cuñado
beau-frère 183

cúpula
coupole 91

curda
ivre 155

curry
curry, cari 137

D

danza folclórica
danse folklorique 153

dar
donner 35

debajo
dessous 40

declarar
déclarer 55

defraudado/a
déçu/e 189

delante
devant 40

delicioso/a
délicieux/euse 135

demora
retard 74

demorado
retardé 74

dentista
dentiste 56, 178

denuncia
plainte 60

deporte
sport 181

derecha
droite 40, 80, 81

derechito
tout droit 40, 82

derecho
droit 181
tout droit 40, 82

desaparecido
disparu 59

desayuno
petit déjeuner 117
petit déjeuner,
déjeuner 127

descenso de río
descente de rivière 105

desinfectar
désinfecter 56

despertador
réveil 67

después
après 48
ensuite 48

detrás de
derrière 40

día
jour 49

diabético/a
diabétique 57

Día de la Raza
jour de la Race 69

Día de Muertos
jour des Morts 69

día de Pascua
jour de Pâques 69

día de San Juan Bautista
Saint-Jean-Baptiste 69

Día de Todos los Santos
Toussaint 69

día festivo
jour férié 69

día laborable
jour ouvrable 69

diario
journal 166

diarrea
diarrhée 57

dibujo
dessin 99

diccionario
dictionnaire 166

diciembre
décembre 50

diecinueve 43

dieciocho
dix-huit 43

dieciséis
seize 43

diecisiete
dix-sept 43

dientes
dents 57

dietética
diététique 181

dietista
diététicien/ne 178

diez
dix 43

diez mil
dix mille 44

diferencia de horario
décalage horaire 53

digestivo
digestif 132, 155

dinero
argent 61

dirección
adresse 78
direction 77

direccionale
clignotant 84

dirección prohibida
sens interdit 81

dirección, sola
sens unique 81

directo
direct 71

director
directeur 176

director/a
directeur/trice 178

disco
CD 164

discoteca
boîte de nuit 155
discothèque 155

discreto/a
discret/e 185

discúlpeme
excusez-moi 41

diseñador
désigner 178

diseño
désign 180

disminuir la velocidad
ralentir 81

distribuidor
distributeur 177

diversión
divertissement 153

divorciado/a
divorcé/e 186

doce
douze 43

docena
douzaine 46

documentación
documentation 103

dólar
dollar 160

dólar americano
dollar américain 62

dólar canadiense
dollar canadien 62

dolor de cabeza
mal de tête 58

domingo
dimanche 50

domo
dôme 92

dos
deux 42, 112

doscientos
deux cents 44

ducha
douche 112

dulce
doux 132
sucré 135

E

e-book
liseuse 166

ebrio
ivre 155

económico
économique 170

Ecuador
Équateur 52

ecuatoriano/a
Équatorien/ne 53

Eda Antigua
Antiquité 99

edición
édition 180

edificio
édifice 92

editor/a
éditeur/trice 178

educación
éducation 180

electricidad
électricité 67, 119, 180

elevador
banc d'appoint 125

El Salvador
El Salvador 52

embajada
ambassade 54, 60

embarazada
enceinte 57

embarque
embarquement 73

embrague
embrayage 85

embrague manual
embrayage manuel 83

embutido
saucisse 147

emoción
émotion 189

empanado
pané 133

empanizado
pané 133

emparedado
sandwich 127

empujar
poussez 159

enamorado/a
amoureux/euse 188

encaje
dentelle 163

encantado/a
enchanté/e 173, 176, 185

encantador/a
charmant/e 185

encima
dessus 40

encuentro
rencontre 185

endibia
endive 142

enero
janvier 50

enfermería
nursing 181

enfermero/a
infirmier/ère 179

enfermo/a
malade 189

enfrente de
en face de 40

ensalada
salade 127

enseguida
tout de suite 48

en su punto
à point, médium 132

entender
comprendre 37

entrada
entrée 80, 155

entrante
entrée 126

entreacto
entracte 153

entrecote
entrecôte 146

epiléptico/a
épileptique 57

equipaje
bagages 54, 73

equipaje de cabina
bagage de cabine 73

equipaje de mano
bagage à main 73

equipo
matériel 106

equipo de buceo con tubo
équipement de plongée-tuba 106

funicular
funiculaire 92

fusible
fusible 85

fútbol
soccer 153

G

gafas
lunettes 167

galería
galerie 92

galería de arte
galerie d'art 161

galleta
biscuit 129

gamba
crevette 149

ganso/a
oie 146

garbanzo
pois chiche 143

garganta
gorge 57

gasolina
essence 85

gasolina sin plomo
essence sans plomb 85

gasolinera
station-service 81, 89

gay
gay 187

genial
génial/e 190

geografía
géographie 181

gimnasio
gymnase 116

ginecólogo
gynécologue 56

gluten
gluten 135

gofre
gaufre 128

golf
golf 105

goma
pneu 85

gorra
casquette 168

grabado
gravure 100

grabar
graver 165

gracias
merci 39

grafismo
graphisme 181

grafista
graphiste 178

gramo
gramme 47

grande
grand 170, 185

granola
granola, musli 128

gratinado
gratiné 133

gripe
grippe 57

guagua (Cuba)
autobus, bus 76

guanábana
corrosol 139

guanajo
dinde 146

guantera
boîte à gants 84

guapo/a
beau/belle 185

guarda maletas
coffre 84

guatemalteco/a
Guatémaltèque 53

guayaba
goyave 139

guerra colonial
guerre coloniale 100

guerra de independencia
guerre d'indépendance 100

guerra de Secesión
guerre de Sécession 100

guía acompañante
guide accompagnateur/trice 178

guía de viajes
guide de voyage 166

guía turístico
guide touristique 97

guinda
griotte 139

H

habichuela
pois mange-tout 143

habitación
chambre 112

hablar
parler 35

hacer
faire 37

hamaca
hamac 163

informático/a
informaticien/ne 179

infusión
tisane 131

ingeniería
ingénierie 181

ingeniero/a
ingénieur/e 179

inmigración
immigration 54

inocente
innocent 61

instalación
installation 100, 114

instante
instant 48

instituto
collège 182

instrumento de música
instrument de
musique 163

interesante
intéressant/e 190

intermitente
clignotant 84

internet
internet 65

internet, conexión a
accès à Internet 113

Internet sin cable
Internet sans fil 116

intersección
carrefour 80

intimidad
intimité 112

íntimo
intime 126

intoxicación alimentaria
intoxication
alimentaire 56

invierno
hiver 51

invitación
invitation 186

invitar
inviter 186

ir
aller 35

Italia
Italie 52

italiano
italien 124

italiano/a
Italien/ne 53

izquierda
gauche 40, 81

J

jabalí
sanglier 147

jabón
savon 116

jamón
jambon 146

japonés
japonais 124

jarrete
jarret 146

jean
jean 168

jengibre
gingembre 137

jersey
chandail 168
pull 168

joven
jeune 186

joya
bijou 162

judía
pois 143

jueves
jeudi 50

jugo
jus 128, 131

jugo de naranja
jus d'orange 131, 155

juguete
jouet 161

julio
juillet 50

junio
juin 50

K

karaoke
karaoké 156

kayak
kayak 104

kilo
kilo 47

kilometraje
kilométrage 83

kilómetro
kilomètre 82

kiwi
kiwi 139

L

lácteo
produit laitier 135

ladrón
voleur 59

lago
lac 92

laguna
lagune 92

lámpara
lampe 67

lana
laine 171

langosta
langouste 149

langostín
langoustine 149

langostino
langoustine 149

lanzadera
navette 74

lanzadera marítima
navette maritime 76

lavado en seco
nettoyeur à sec 164

lavadora
lave-linge 115

lavandería
buanderie 114, 164

lavaplatos
lave-vaisselle 115

lavar
laver 164

leche
lait 131

lechuga
laitue 143

lejos
loin 41

lengua
langue 146

lenguado
sole 150

lenguas
langues 181

lentamente
lentement 41

lente de contacto
lentille cornéenne 167
verre de contact 59

lentes
lunettes 167

lesbiana
lesbienne 187

librería
librairie 166

librero/a
libraire 179

libro
livre 166

libro con ilustraciones
beau livre 166

libro electrónico
liseuse 67, 166

liceo
lycée 182

liebre
lièvre 146

lienzo
toile 163

ligar
draguer 185

ligero
léger 170

lima
lime 139

limón
citron 139

limpiaparabrisas
essuie-glace 85

limpio/a
propre 118

lindo/a
joli/e 186
mignon/ne 188

lino
lin 171

listo
prêt 170

litera
couchette 72, 79

literatura
littérature 166, 182

llamada local
appel local 64

llamada sin costo
appel sans frais 64

llanta
pneu 85

llave
clé 84

llegada
arrivée 74

llenar el depósito
faire le plein 89

lluvia
pluie 68

lluvioso
pluvieux 68

lomo de burro
dos-d'âne 80

lomo de toro
dos-d'âne 80

loncha
tranche 47, 133

lo siento
excusez-moi 61

lubina
loup de mer 149

luna de miel
voyage de noces 174

lunes
lundi 49, 50

luz
lumière 115
phare 85

luz amarilla
feu jaune 81

luz de emergencia
feu de détresse 85

luz de freno de mano
témoin lumineux 86

luz roja
feu rouge 81

luz verde
feu vert 81

M

madera tallada
bois sculpté 162

madre
mère 183

maduro/a
mûr/e 140

mail
mail 66, 188

maíz
maïs 143

malecón
jetée 92

maleta
valise 55, 73

maletero
coffre 84

mañana
demain 49
matin 49

mañana por la mañana
demain matin 49

mañana por la noche
demain soir 49

mañana por la tarde
demain après-midi 49

mandarina
mandarine 139

manejar
conduire 78

mango
mangue 140

maní
arachide 135, 139

manta
couverture 115

mantel
nappe 115

mantequilla
beurre 137

manufacturas, sector de
manufacturier 180

manzana
pomme 140

mapa
carte 166

mapa de carreteras
atlas routier 166

máquina
voiture 82

máquina de afeitar
rasoir 67

máquina de alquiler
voiture de location 82

mar
mer 92, 107, 113

mar agitado
mer agitée 108

mar calmado
mer calme 108

marcha
randonnée pédestre 105

marea alta
marée haute 108

marea baja
marée basse 108

mareo
mal de l'air 74

marisco
fruit de mer 148

mármol
marbre 163

marroquinería
maroquinerie 163

martes
mardi 50

Martes de Carnaval
Mardi gras 68

marzo
mars 50

máscara
masque 107, 163

más tarde
plus tard 48

más temprano
plus tôt 48

mayo
mai 50

mecánica
mécanique 84

mecánico/a
mécanicien/ne 88, 179

media
chaussette 168

media botella
demi-bouteille 132

media hora
demi-heure 48

motonieve
motoneige 105

mousse de chocolate
mousse au chocolat 130

muchacha
fille 185

muchacho
garçon 185

muchas gracias
merci beaucoup 39

mucho
beaucoup 41, 45, 187

mucho gusto
enchanté/e 173

muela
dent 57

muelle
quai 93

mujer
femme 185

murucuyá
fruit de la passion 139

museo
musée 93, 99

música en vivo
musique en direct 155

músico
musicien/ne 155, 179

muslo
cuisse 146

muy
très 41

N

nabo
navet 143

nacionalidad
nationalité 51, 174

nada
rien 39, 45

naranja
orange 140

natación
natation 105

natillas
crème-dessert 129

nave
nef 93

Navidad, día de
jour de Noël 68

negociar
marchander 160

negro/a
noir/e 47

neumático
pneu 85

nicaragüense
Nicaraguayen/ne 53

nieve
neige 67

niño
enfant 112

no
non 39

noche
nuit 49
soir 49

nopal
cactus 142

nordista
nordiste 100

norte
nord 41

noventa
quatre-vingt-dix 44

noviembre
novembre 50

novio/a
fiancé/e 174

nublado
nuageux 68

nueve
neuf 43

nuez
noix 135, 140

nuez moscada
muscade 137

número
numéro 42

número de teléfono
numéro de téléphone 63, 64

O

obra
travail 82

obra de arte
œuvre d'art 100

obrero/a
ouvrier/ère 179

ochenta
quatre-vingt 44

ocho
huit 43

octubre
octobre 50

oculista
optométriste, oculiste 167

oeste
ouest 41

oferta
solde 160

oficina de cambio
bureau de change 61

oficina de correos
bureau de poste 63

oficina de turismo
office de tourisme 97

ojo de buey
hublot 75

once
onze 43

ópera
opéra 153

opinión
appréciation 120

óptico
opticien 56

oscuro
foncé 170

oscuro/a
sombre 118

ostra
huître 149

otoño
automne 51

P

padre
père 183

pagar
payer 170

página
page 66

país
pays 51, 174

pájaro
oiseau 108

palacio de justicia
palais de justice 93

palanca de cambios de velocidad
levier de changement de vitesse 85

palma
palme 107

palo de golf
bâton de golf 106

pan
pain 128, 138

panadería
boulangerie 123

panameño/a
Panaméen/ne 53

pan de leche
viennoiserie 128

pan francés
pain doré, pain perdu 128

pan integral de trigo
pain de blé entier 128

pan negro
pain de blé entier 128

panqueque
crêpe 127

pantalón
pantalon 168

pantalón corto
short 168

panti
culotte 168

papa
pomme de terre 143

papaya
papaye 140

papel higiénico
papier hygiénique 118

paquete
colis 62

parabrisas
pare-brise 85

paracaidismo
parachutisme 105

parachoques
pare-chocs 85

parada de autobús
arrêt de bus 76

paraguayo/a
Paraguayen/ne 53

parar
arrêter 37

pareja
conjoint/e 174
couple 185

parque
parc 93, 184

parquear
garer 117

parque de atracciones
parc d'attractions 93

parque de juegos
terrain de jeu 184

parque temático
parc à thème 184

pasada
dernière 49

pasado
dernier 51

pasado mañana
après-demain 49

pasaporte
passeport 54

pasas
raisins secs 140

paseo
promenade 93

pasillo
couloir 72

pasta
pâte 127

pastel
gâteau 129
tarte 130

pastelería
pâtisserie 123, 130

pastilla
comprimé 56

pata
patte 146

patio
cour 92

pato
canard 145

pavo
dinde 146

pechina
pétoncle 149

pecho
poitrine 57

pechuga
poitrine 146

pedal
pédale 85

pedazo
morceau 46

pedir
commander 134

peligro
danger 80

peligro de extinción
voie d'extinction 109

peligroso/a
dangereux/euse 109

pelirrojo/a
roux/rousse 187

pelo
cheveux 164

pelota
balle 106

peluquero/a
coiffeur/euse 164, 178

penalización por accidente
franchise collision 84

pendientes
boucles d'oreilles 163

penicilina
pénicilline 57

peñón
rocher 108

pensión completa
pension complète 111

pepino
concombre 142

pequeño/a
petit/e 118, 170, 186

pera
poire 140

pera china
carambole 139

perder
perdre 37

perdido/a
égaré/e 190
perdu/e 190

perdiz
perdrix 146

perdone
excusez-moi 39, 61

perfecto
parfait 46

periódico
journal 166

periodismo
journalisme 181

periodista
journaliste 179

periodo hispánico
période hispanique 100

permiso
consentement 55

permite el baño, se
baignade autorisée 107

personal
personnel 176

personalidad
personnalité 186

persona responsable
personne responsable 176

Perú
Pérou 52

peruano/a
Péruvien/ne 53

pesca
pêche 105

pesca deportiva
pêche sportive 105

pescadería
poissonnerie 123

pescado
poisson 148

peso
poids 63

petróleo
essence 85

picado/a
haché 133

picante
épicé 135, 137
moutarde forte 137
piquant 135

pie
pied 57

pila
pile 67, 165

quebequés/esa
Québécois/e 54

querer
vouloir 35

queso
fromage 127, 128

queso fresco
fromage frais, fromage
blanc 128

quiambo
ocra 143

quimbombó
ocra 143

quincallería
quincaillerie 162

quince
quinze 43

quingambó
ocra 143

quinientos
cinq cents 44

R

rábano
radis 143

rabi rubia
vivaneau 150

radiador
radiateur 86

radiografía
radiographie, rayons X 56

raqueta
raquette 107

raro/a
étrange 190

raya
raie 149

rayón
rayonne 171

recargar
recharger 65

recepción
réception 115

receta
ordonnance 56, 167

reclinable
inclinable 72

red
filet 107

reductor de velocidad
dos-d'âne 80

red Wi-Fi
réseau Wi-Fi 66

refectorio
réfectoire 93

refresco
boisson gazeuse 130

refrigerador
réfrigérateur 115

refugio
refuge 111

regalo
cadeau 161

regatear
marchander 160

región
région 175

relieve
relief 93

relleno
farci 133

rentar
louer 106

reparación
réparation 166

reparto a domicilio
livraison 136

repetir
répéter 41

repollo
chou 142

repostería
pâtisserie 130

reproducción
reproduction 100

reproductor de CD
lecteur CD 85

reproductor de mp3
baladeur numérique 67

res, carne de
bœuf 145

reserva
réservation 112

reservación
réservation 83, 112,
126, 134

reservar
réserver 71

restauración
restauration 180

restaurador
conservateur 99

restaurante
restaurant 116

restorán
restaurant 116

retablo
retable 93

retoque
retouche 170

retrasado
retardé 74

retraso
retard 74

retroceder
reculer 81

retrovisor
rétroviseur 86

revista
magazine 167

Reyes, día de
jour de l'Épiphanie 68

rígido
rigide 59

riñón
rognon 146

río
fleuve 92
rivière 93

robar
voler (dérober) 60

robo
vol 61

rodaballo
turbot 150

rodaja
darne 149

rojizo
rosé 133

rojo/a
rouge 47

romántico
romantique 113

romerillo
romarin 138

ropa
vêtement 167, 169

ropa interior
sous-vêtement 168

rosado
rosé 133

roto
cassé 56

rotonda
carrefour giratoire 80

rubio/a
blond/e 187

ruido
bruit 112

ruidoso/a
bruyant/e 112, 118

ruina
ruine 93

S

sábado
samedi 50

sábana
drap 115, 118

sacacorchos
tire-bouchon 116

sal
sel 138

sala de embarque
salle d'embarquement 75

sala de espera
salle d'attente 56

sala de exposición
salle d'exposition 100

salado
salé 135

salado/a
salé/e 136

sal de rehidratación oral
solution électrolytique, solution de réhydratation orale 59

salida
départ 71, 74, 120
sortie 81

salmón
saumon 149

salmón ahumado
saumon fumé 150

salsa
sauce 138

salsa de china
sauce soya 138

salsa de soja
sauce soya 138

salsa picante
sauce piquante 138

salteado
sauté 133

salto de agua
chute 91

salud
santé 56, 155, 180

saludo
salutation 173

salvadoreño/a
Salvadorien/ne 54

salvia
sauge 138

sanear
rafraîchir 164

sangriento
saignant 133

sardina
sardine 149

satisfecho/a
satisfait/e 189

saya
jupe 168

secador de pelo
sèche-cheveux 116

secretario/a
secrétaire 180

sector de trabajo
domaine d'emploi 180

seda
soie 163, 171

seda artificial
rayonne 171

sed, tener
avoir soif 189

segundo
deuxième 44

seguro
assurance 83

seis
six 43

sello
affranchissement 63
timbre 63

semáforo
feu de circulation 79, 80

semana
semaine 49, 50, 55

semana pasada
semaine dernière 49

semana próxima
semaine prochaine 49

Semana Santa
Semaine sainte 68

señal de tránsito
feu de circulation 80

señor
monsieur 173

señora
madame 173

señorita
mademoiselle 173

sensación
sensation 189

sentido prohibido
sens interdit 81

sentido único
sens unique 81

separado/a
séparé/e 186

septiembre
septembre 50

servicio
service 114, 137

servicio de canguro
garderie 117
service de gardienne 117

servicio de guardería
service de garde 183

servicio de lavandería
service de
blanchisserie 117

servicio de plancha
service de repassage 117

servilleta
serviette de table 134

sesenta
soixante 44

sesos
cervelle 146

setenta
soixante-dix 44

sexo seguro
sexe sécuritaire 186

sí
oui 39

siento, lo
désolé/e 189

siete
sept 43

siglo
siècle 44

silla
chaise 114, 125

simpático/a
sympa 187
sympathique 186

sin
sans 41, 83, 132

sin sabor
fade 135

sin trabajo
chômeur/euse 178

sistema de navegación GPS
système de navigation
GPS 83, 86

skype
Skype 188

sobre
enveloppe 63
sur 40

sobrecama
couvre-lit 115

sobrina
nièce 183

sobrino
neveu 183

sociedad
société 176

socorrista
sauveteur 108

sofá cama
divan-lit 115

sol
soleil 68

soleado
ensoleillé 67

solo/a
seul/e 186

solomillo
entrecôte 146

soltero/a
célibataire 186, 187

solución para limpiar
solution nettoyante 59

sombrero
chapeau 163, 168

sombrilla
parasol 107, 108

sonrisa
sourire 187

sopa
soupe 127

sorbete
sorbet 130

sorbeto
sorbet 130

sorprendido/a
étonné/e 190

sostén
soutien-gorge 169

stop
arrêt 80

suave
doux 135
souple 59, 170

submarinismo
plongée sous-marine 105

submarinismo con tubo
plongée-tuba 105

sucursal
succursale 159

sudista
sudiste 100

suéter
chandail 168

suficiente
suffisant 46

Suiza
Suisse 52

suizo/a
Suisse 54, 175

supermercado
supermarché 123, 162

sur
sud 41

surdista
sudiste 100

surf
surf 106

T

tabla de planchar
planche à repasser 115

tabla de surf
planche de surf 106, 107

tabla de windsurf
planche à voile 107

tableta
tablette 67, 166

talonario de billetes/ boletos
carnet de tickets 77

talonario de boletos
carnet de tickets 77

también
aussi 41

tangerina
tangerine 140

tapiz
tapisserie 101

taquilla
billetterie 153
guichet 153

tarde
après-midi 49
soirée 49
tard 48

tarifa
tarif 65

tarjeta bancaria
carte bancaire 161

tarjeta de débito
carte de débit 161

tarjeta de embarque
carte d'embarquement 74

tarjeta de memoria
carte mémoire 165

tarjeta de teléfono
carte de téléphone 62

tarjeta de turismo
carte de tourisme 54

tarjeta postal
carte postale 63

tarro
pot 47

tártara
tartare 133

tauromaquia
tauromachie 153

taxi
taxi 78

taxímetro
taximètre 78

taza
tasse 134

té
thé 131

teatro
théâtre 94, 153

techo corredizo
toit ouvrant 86

técnica
technique 101

técnico/a
technicien/ne 180

tejano
jean 168

vestido
robe 168
vêtement 169

vestuario
vestiaire 104

vez
fois 175

vía
voie 82

viajar
voyager 37

viaje
voyage 174

viaje de negocios
voyage d'affaires 55

viaje de novios
voyage de noces 174

viajes
voyage 181

vida nocturna
vie nocturne 154

vida profesional
vie professionnelle 176

vidriera
vitrail 94

vidriería
verrerie 164

vidrio eléctrico
glace électrique 85

vidrio soplado
verre soufflé 164

viejo/a
vieux/vieille 186

viento
vent 68

viernes
vendredi 50

Viernes Santo
Vendredi saint 68

villa
manoir 92

vinagre
vinaigre 138

vino
vin 132, 156

vino blanco
vin blanc 132

vino casero
vin maison 132

vino de la casa
vin maison 132

vino del país
vin du pays 132

vino dulce
vin doux 132

vino seco
vin sec 132

vino tinto
vin rouge 132

violar
violer 60

vista
vue 113

viudo/a
veuf/ve 186

volante
volant 86

voleibol
volley-ball 106

vuelo anterior
vol intérieur 75

vuelo de enlace
vol de correspondance 75

W

Wi-Fi
Wi-Fi 116

windsurf
planche à voile 105

Y

yerba
herbe 137

yogur
yaourt, yogourt 128

Z

zambullida
plongée sous-marine 105
plongeon 105

zanahoria
carotte 142

zapato
chaussure 163, 168

zoológico
zoo 94

zumo
jus 128

Belize.
© iStockphoto.com/Simon Dannhauer

DICTIONNAIRE FRANÇAIS → ESPAGNOL

A

abbaye
abadía 91

abdomen
abdomen 57

abeille
abeja 57

abricot
albaricoque 139

accepter
aceptar 37

accident
accidente 88

accord
acuerdo 190

accusé/e
acusado/a 61

achat
compra 176

acheter
comprar 160

acrylique
acrílico 171

activité de plein air
actividad al aire libre 104

addition
cuenta 136

administrateur/trice
administrador/a 178

administration
administración 181

adresse
dirección 78

adresse courriel
correo electrónico 188

adulte
adulto 183

aérogare
terminal 74

aéroport
aeropuerto 74

affectueux
cariñoso 185

affranchissement
sello 63

agent de bord
tripulante 178

agent de voyages
agente de viajes 162, 178

agneau
cordero 145

agressé
agredido 60

ail
ajo 142

aimer
amar 25

air conditionné
aire acondicionado 71, 83, 84

à la poêle
a la sartén 132

alcool
alcohol 154

aliment
alimento 137

aliment naturel
alimento natural 123

allaiter
amamantar 184

Allemagne
Alemania 51

Allemand/e
alemán/a 53

aller
ir 35

allergie
alergia 56

allergique
alérgico 135
alérgico/a 57

aller-retour
ida y vuelta 71

aller simple
ida simple 71

amandes
almendras 139

ambassade
embajada 54, 60

ambulance
ambulancia 56, 60

amer
amargo 135

Américain/e
americano/a, estadounidense 53

ami/e
amigo/a 174

amoureux/euse
enamorado/a 188

art décoratif
arte decorativa 99

artisanat
artesanía 161, 162

artiste
artista 99, 162, 178

art moderne
arte moderno 99

Art nouveau
Art nouveau, Modernismo 99

art précolonial
arte precolombino 99

ascenseur
ascensor 114

asperge
espárrago 142

assez
bastante 160

assiette
plato 133

assurance
seguro 83

asthmatique
asmático/a 57

athlète
atleta 178

atlas routier
mapa de carreteras 166

attention
cuidado 59

attrait touristique
atracción turística 91

auberge
albergue 111

auberge de jeunesse
albergue juvenil 111

aubergine
berenjena 142

au-dessus de
por encima de 40

audioguide
audioguía 103

au four
al horno 132

au revoir
adiós 173
hasta la vista, hasta luego 39

au secours
auxilio 59

aussi
también 41

autobus
autobús, bus, camión (Mexique), guagua (Cuba 76

autocar
autocar 76

automne
otoño 51

autoroute
autopista 80

avance de fonds
avance de fondos 62

avancer
avanzar 80

avant
antes 48

avant-hier
anteayer 49

avec
con 41, 83, 112, 132

avenue
avenida 80

avertisseur
claxon, bocina 84

avion
avión 63, 74

avocat
aguacate 142

avocat/e
abogado/a 178

avoir
tener 33

avril
abril 50

B

badminton
badminton 105

bagage à main
equipaje de mano 73

bagage de cabine
equipaje de cabina 73

bagages
equipaje 54, 73

bague
anillo 162

baignade autorisée
se permite el baño 107

baignade à vos risques
baño con precaución, peligroso 107

baignade interdite
se prohíbe el baño 107

baignoire
bañera, bañadera 112

baladeur numérique
reproductor de mp3 67

balcon
balcón 114

baleine
ballena 108

balle
pelota 106

ballet
ballet 153

boîte de nuit
club nocturno, discoteca, antro 155

Bolivie
Bolivia 52

Bolivien/ne
boliviano/a 53

bonbonne d'ogygène
bombona, botella de aire 106

bonjour
buenas tardes 39
buenos días 39, 173
hola 39, 173

bonjour (après-midi)
buenas tardes 39

bon marché
barato 112, 124

bon/ne
bueno/a 135

bonne nuit
buenas noches 39

bonsoir
buenas tardes 39

botte
bota 162

bottine
botín 107

bouché/e
tupido/a, atascado/a 119

boucherie
carnicería 123

boucles d'oreilles
pendientes, aretes, aros 163

boudin
morcilla 145

boulangerie
panadería 123

boulette
albóndigas 132

boulevard
bulevar 80

bouteille
botella 46, 131

boutique
tienda 123, 159, 161

bracelet
pulsera 163

braisé
a la brasa 132

brasserie artisanale
cervecería artesanal 156

Brésil
Brasil 52

Brésilien/ne
brasilero/a 53

brochette
pincho 133

brocoli
brócoli, brécol 142

broderie
bordado 163

bruit
ruido, bulla 112

brun
moreno 187

bruyant
ruidoso 112

bruyant/e
ruidoso/a 118

buanderie
lavandería 114, 164
tintorería 114

bungalow
bungalow 111

bureau de change
oficina de cambio 61

bureau de poste
oficina de correos 63

bus
bus 76

C

cabine
cabina 107
camarote 75
vagón 79

cabine d'essayage
probador 167

cabine téléphonique
cabina de teléfono 63

câble
cable 165

cactus
cactus 142
cactus, nopal 142

cadeau
regalo 161

café
café 127, 130

café au lait
café con leche 131

café Internet
café internet 65

cafétéria
cafeteria 104

cafetière
cafetera 114

caille
codorniz 145

caisse
caja 167

caleçon boxeur
calzoncillo, calzones 167

calmar
calamar 148

changer
cambiar 71

chanteur
cantante 155

chapeau
sombrero 163, 168

chapelle
capilla 91

chapon
pollo de cría 146

charbons de bois, sur (cuisson)
al carbón 133

charmant/e
encantador/a 185

châtaine
morena 187

chaud
calor 68, 189

chauffage
calefacción 84, 114

chaussette
media, calcetín 168

chaussure
zapato 163, 168

chemin
camino 98

chemise
camisa 168

chèque de voyage
cheque de viaje 62

cher/ère
caro/a 118

cheveux
pelo 164

chèvre
cabra 146

chevreau
cabrito 146

Chili
Chile 52

Chilien/ne
chileno/a 53

chinois
chino 124

chocolat
chocolate 129

chômeur/euse
sin trabajo, parado/a 178

chou
col, repollo 142

chou de Bruxelles
col de Bruselas 142

chou-fleur
coliflor 142

chute
caída, salto de agua, catarata 91

cigare
cigarro, puro 163

cinéma
cine 153

cinq
cinco 43

cinq cents
quinientos 44

cinquante
cincuenta 43

citoyen/ne
ciudadano/a 54

citron
limón 139

citrouille
calabaza 139

clair/e
claro/a 170

classe économique
clase económica 71

clé
llave 84

clémentine
clementina 139

clé USB
memoria USB 65, 165

clignotant
direccionale, intermitente 84

climatisation
aire acondicionado, climatización 114
climatización 84

clocher
campanario 91

cloître
claustro 91

club de salsa
club de salsa 156

coca
coka 131

cocktail
cóctel 156
cóctel, combinado 131

coco
coco 139

coffre
maletero, guarda maletas 84

coffret de sûreté
caja de seguridad 115

coiffeur/euse
peluquero/a 164, 178

coin
esquina 79

colin
merluza 149

colis
paquete 62

collection permanente
colección permanente 99

collège
instituto 182

collègue
colega 174

collier
collar 163

collyre
colirio 58

Colombie
Colombia 52

Colombien/ne
colombiano/a 53

colonisation
colonización 99

colonne
columna 91

combien
cuánto 45

commander
pedir 134

commission
comisión 61

commun
común 109

communications
comunicación 180

compagnie aérienne
compañía aérea 74

complet
completo 112
traje 168

compliment
piropo 185

comprendre
entender 37

comprimé
pastilla 56

comptabilité
contabilidad 176, 181

comptable
contador/a, contable 178

comptoir d'enregistrement
mostrador de facturación 75

concert
concierto 153, 154

concombre
pepino 142

condiment
condimento 137

conducteur
conductor 83

conduire
conducir 37
conducir, manejar 78

conduite automobile
conducción 80

confirmer
confirmar 37, 71

confiture
confitura, dulce 127

conjoint/e
pareja, compañero/a 174

connexion Internet
conexión a internet 120

conquête
conquista 185

consentement
permiso 55

conservateur
restaurador 99

consigne
consigna 73

consigne à bagages
consigna de equipaje 73

consommation
consumición 155

constipé
estreñido/a 57

construction
construcción 180

consulat
consulado 54, 61

content/e
contento/a 189

continuer
continuar 80

contre
contra 190

coriandre
culantro, cilantro 137

correspondance
cambio 77

corrosol
guanábana 139

Costaricain/e
costarricense 53

côté de, à
al lado de 40

côtelette
costilla 146

coton
algodón 171

couchette
litera 72
litera, cama 79

couleur
color 47

couloir
pasillo 72

coupe-vent
impermeable 168

couple
pareja 185

démarreur
arranque 84

demi
media 132
medio 45

demi-bouteille
media botella 132

demi-heure
media hora 48

dent
diente, muela 57

dentelle
encaje 163

dentiste
dentista 56, 178

départ
salida 71, 74, 120

dépassement interdit
prohibido adelantar 80

dernier
último 71

descente de rivière
descenso de río 105

désign
diseño 180

désigner
diseñador 178

désinfecter
desinfectar 56

désolé/e
lo siento 189

dessert
postre 126

dessin
dibujo 99

dessous
debajo 40

dessus
encima 40

deux
dos 42, 112

deux cents
doscientos 44

deuxième
segundo 44

devant
delante 40

diabétique
diabético/a 57

diarrhée
diarrea 57

dictionnaire
diccionario 166

diesel
diesel 84

diététicien/ne
dietista 178

diététique
dietética 181

digestif
digestivo 132, 155

dimanche
domingo 50

dinde
guanajo, pavo 146

dîner
almuerzo, comida 126
cena 126

direct
directo 71

directeur
director 176

direction
dirección 77

discothèque
discoteca 155

discret/e
discreto/a 185

disparu
desaparecido 59

disquaire
tienda de discos 164

distributeur
distribuidor 177

distributeur de billets
cajero automático 62

divan-lit
sofá cama 115

divertissement
diversión 153

divorcé/e
divorciado/a 186

dix
diez 43

documentation
documentación 103

dollar
dólar 160

dollar américain
dólar americano 62

dollar canadien
dólar canadiense 62

domaine d'emploi
ámbito de trabajo 180
sector de trabajo 180

domaine d'études
campo de estudio 181

dôme
domo 92

donner
dar 35

dos
espalda 57

dos-d'âne
reductor de velocidad,
tope/el lomo de burro,
lomo de toro 80

fenêtre
ventana 72, 115, 125

fenouil
hinojo 143

fer à repasser
plancha 115

fermé
cerrado 40, 159

fermer
cerrar 37

festival
festival 68

fête
fiesta 68, 155

fête du Travail
fiesta del Trabajo 69

fête nationale
fiesta nacional 69

feu
fuego 59, 187

feu de circulation
semáforo 79, 80
señal de tránsito 80

feu de détresse
luz de emergencia 85

feu jaune
luz amarilla 81

feu rouge
luz roja 81

feu vert
luz verde 81

février
febrero 50

fiancé/e
novio/a 174
prometido/a 174, 186

fidèle
fiel 185

fièvre
fiebre 57

filet
filete 146, 149
red 107

fille
chica, muchacha 185
hija 174, 183

fils
hijo 174, 183

filtre à l'huile
filtro de aceite 85

flan
flan 129

fleur
flor 109

fleuve
río 92

flore
flora 108

foie
hígado 146

fois
vez 175

folklore
folklore 153

foncé/e
oscuro/a 170

fonctionnaire
funcionario 178

fontaine
fuente 92

formalités d'entrée
formalidades de
entrada 54

fort
fuerte 92

forteresse
fortaleza 92

forum
foro 92

four à micro-ondes
horno microondas 115

fourchette
tenedor 134

fraction
fracción 45

frais
fresco 136

fraise
fresa 139

framboise
frambuesa 139

français
francés 124

français/e
francés/francesa 53

Français/e
francés/a 175

France
Francia 52

franchise collision
penalización por
accidente 84

francophone
francófono/a 98

Franc suisse
franco suizo 62

frein
freno 85

frein à main
freno de mano 85

frère
hermano 182

fresque
fresco 92

frise
friso 92

froid/e
frío/a 68, 118, 136, 189

fromage
queso 127, 128

fromage blanc
queso fresco 128

fromage frais
queso fresco 128

fruit
fruta 128, 139

fruit de la passion
murucuyá 139

fruit de mer
marisco 148

fumé
ahumado 133

funiculaire
funicular 92

fusible
fusible 85

G

galerie
galería 92

garçon
chico, muchacho 185

garderie
servicio de canguro 117

gare
estación de trenes 79

gare d'autocars
terminal, estación de
bus 76

garer
estacionar, parquear 117

gare routière
terminal, estación de
bus 76

gâteau
pastel, cake 129

gauche
izquierda 40, 81

gaufre
gofre 128

gay
gay 154, 187
homo, homosexual 187

gay, milieu
ambiente gay 155

génial/e
genial 190

géographie
geografía 181

gingembre
jengibre 137

glace
helado 129

glace électrique
vidrio eléctrico 85

glaçon
cubito de hielo 115

gluten
gluten 135

golf
golf 105

gorge
garganta 57

goyave
guayaba 139

gramme
gramo 47

grand/e
grande 170, 185

grand-mère
abuela 183

grand-père
abuelo 183

granola
granola 128

graphisme
grafismo 181

graphiste
grafista 178

gratiné
gratinado, al horno 133

graver
grabar 165

gravure
grabado 100

grillade
asado 133

gril, sur le (cuisson)
a la parrilla 133

griotte
guinda 139

grippe
gripe 57

Guatemala
Guatemala 52

Guatémaltèque
guatemalteco/a 53

guerre coloniale
guerra colonial 100

guerre de Sécession
guerra de Secesión 100

guerre d'indépendance
guerra de
independencia 100

guichet
taquilla 153

guichet automatique
cajero automático 62

**guide
accompagnateur/trice**
guía acompañante 178

guide de voyage
guía de viajes 166

guide touristique
guía turístico 97

gymnase
gimnasio 116

gynécologue
ginecólogo 56

H

haché
picado/a 133

hamac
hamaca 163

hareng
arenque 149

haricot
frijol 143

hébergement
alojamiento 111

herbe
yerba 137

hétérosexuel
heterosexual 187

heure
hora 47

heureux/euse
feliz 189

hier
ayer 49

histoire
historia 181

hiver
invierno 51

hockey
hockey 153

homard
bogavante 149

homme
hombre 185

Honduras
Honduras 52

Hondurien/ne
hondureño/a 53

hôpital
hospital 56, 60

horaire
horario 72, 103, 159

hors-d'œuvre
aperitivo 127

hôtel
hotel 40, 111, 177

hôtel-appartement
hotel apartamento, hotel residencial 111

hôtel de ville
ayuntamiento, alcaldía 92

hôtellerie
hostelería 180

hublot
ojo de buey, ventana 75

huile
aceite 85

huit
ocho 43

huître
ostra 149

humide
húmeda 118

I

ici
aquí 40, 81

iguane
iguana 146

Iitalien/ne
italiano/a 53

illimité
ilimitado 84

immigration
inmigración 54

impatient/e
impaciente 190

importation
importación 176

importer
importar 177

impressionnisme
impresionismo 100

imprimante
impresora 66

inclinable
reclinable 72

indicatif régional
prefijo, código de país 64

indien
indio 124

indiquer
indicar 37

infirmerie
enfermería 181

infirmier/ère
enfermero/a 179

informaticien/ne
informático/a 179

informatique
informática 166, 180, 181

ingénierie
ingeniería 181

ingénieur/e
ingeniero/a 179

innocent
inocente 61

inquiet/ète
preocupado/a 190

insectifuge
antiinsectos 59

installation
instalación 100, 114

instant
instante, momento 48

instrument de musique
instrumento de
música 163

interdit
prohibido 61

intéressant/e
interesante 190

internet
internet 65

Internet, accès à
conexión a internet 113

Internet sans fil
Internet sin cable 116

intime
íntimo 126

intimité
intimidad 112

**intoxication
alimentaire**
intoxicación
alimentaria 56

invitation
invitación 186

inviter
invitar 186

Italie
Italia 52

italien
italiano 124

ivre
borracho, ebrio,
curda 155

J

jaloux/jalouse
celoso/a 186

jambon
jamón 146

janvier
enero 50

japonais
japonés 124

jarret
jarrete 146

jaune
amarillo 47

jazz
jazz 155

jean
jean, vaquero, tejano,
pitusa 168

jetée
malecón 92

jeudi
jueves 50

jeune
joven 186

joli/e
bonito/a, lindo/a 186

jouet
juguete 161

jour
día 49

jour des Morts
Día de Muertos 69

jour férié
día festivo 69

journal
diario, periódico 166

journalisme
periodismo 181

journaliste
periodista 179

jour ouvrable
día laborable 69

juillet
julio 50

juin
junio 50

jupe
saya, falda, pollera
(Panamá) 168

jus
jugo 128, 131
zumo 128

jus d'orange
jugo de naranja 131, 155

K

karaoké
cantabar, karaoke 156

kayak
kayak 104

kilo
kilo 47

kilométrage
kilometraje 83

kilomètre
kilómetro 82

kiwi
kiwi 139

L

là
ahí 40
ahí, allí 81

lac
lago 92

lagune
laguna 92

laid/e
feo/a 186

laine
lana 171

lait
leche 130, 131

lait de riz sucré
horchata 131

laitue
lechuga 143

lampe
lámpara 67

langouste
langosta 149

langoustine
langostín, langostino 149

langue
lengua 146, 181

lapin
conejo 146

large
ancho/a 170

lave-linge
lavadora 115

laver
lavar 164

lave-vaisselle
lavaplatos 115

lecteur CD
reproductor de CD 85

léger/ère
ligero/a 170

légume
verdura 142

lentement
lentamente 41

lentille cornéenne
lente de contacto 167

lequel/laquelle
cuál 187

lesbienne
lesbiana 187

lettre
carta 63

levier de changement de vitesse
palanca de cambios de velocidad 85

libraire
librero/a 179

librairie
librería 166

lièvre
liebre, mará (Argentina) 146

lime
lima 139

lin
lino, hilo 171

liseuse
libro electrónico 67
libro electrónico, e-book 166

lit
cama 113

littérature
literatura 166, 182

livraison
reparto a domicilio 136

livre
libro 166

livre, beau
libro con ilustraciones 166

location
alquiler 82

loin
lejos 41

louer
alquilar, rentar 106

loup de mer
lubina 149

lumière
luz 115

lundi
lunes 49, 50

lunettes
gafas, espejuelos, lentes 167

lycée
liceo 182

M

macho
macho 186

madame
señora 173

mademoiselle
señorita 173

magnifique
hermoso/a 175

magret de canard
filete de pato 146

mai
mayo 50

mail
mail 66, 188

maillot de bain
traje de baño, bañador, trusa (Cuba) 168

maintenant
ahora 48

maïs
maíz 143

maison
casa 92

maisonnette
casita 111

mal
dolor 56

malade
enfermo/a 189

mal de l'air
mareo 74

mal de tête
dolor de cabeza 58

mandarine
mandarina 139

manger
comer 35

mangue
mango 140

manoir
villa, casona 92

manteau
abrigo 168

manufacturier
manufactura 180

marbre
mármol 163

marchander
negociar, regatear 160

marché
mercado 92, 123, 161

marché d'alimentation
mercado de alimento 161
mercado de
alimentos 123

marché d'artisanat
mercado de artesanía 161

marché public
mercado público 161

mardi
martes 50

Mardi gras
Martes de Carnaval 68

marée basse
marea baja 108

marée haute
marea alta 108

marié/e
casado/a 186

marina
marina 92, 116

marketing
marketing 176

marmelade
mermelada 128

maroquinerie
marroquinería 163

mars
marzo 50

masque
máscara 107, 163

matelas pneumatique
balsa 107

matériel
equipo 106

matin
mañana 49

mécanicien/ne
mecánico/a 88, 179

mécanique
mecánica 84

médecin
médico 56
médico/a 179

médecine
medicina 182

média
comunicación 180

médicament
medicamento 58, 59

médium (cuisson)
punto medio/, en su
punto 132

melon
melón 140

menthe
menta, hierba buena 137

menu
menú 134

menu pour enfant
menú para niños 134, 184

mer
mar 92, 107, 113

mer agitée
mar agitado 108

mer calme
mar calmado 108

merci
gracias 39
muchas gracias 39

mercredi
miércoles 50

mère
madre 183

meringue
merengue 130

merlan
merlán 149

message
mensaje 63

météo
tiempo 67

métro
metro 77

mettre
poner 37

mexicain
mexicano 124

Mexicain/e
mexicano/a 53

Mexique
México 52

midi
mediodía 47

mignon/ne
lindo/a, bonito/a,
hermoso/a 187, 188

militaire
militar 179

nuageux
nublado 68

nuit
noche 39, 49

numéro de téléphone
número de teléfono 63, 64

O

obtenir
conseguir 37

occupée (ligne)
comunicando 63

ocra
quimbombó, quiambo, quingambó, gombó 143

octobre
octubre 50

oculiste
oculista 167

œuf
huevo 135

œuvre d'art
obra de arte 100

oie
ganso/a 146

oignon
cebolla 143

oiseau
pájaro 108

omelette
tortilla 128

onze
once 43

opéra
ópera 153

opticien
óptico 56

optométriste
oculista 167

orange
naranja 131, 140, 155

ordinateur
compoutadora 165
computadora 66

ordonnance
receta 56, 167

oreiller
almohada 115

oseille
acedera 137

où
dondé 60

ouest
oeste 41

oui
sí 39

oursin
erizo 149

ouvert
abierto 41, 159

ouvrier/ère
obrero/a 179

ouvrir
abrir 35

P

page
página 66

pain
pan 128, 138

pain de blé entier
pan integral de trigo, pan negro 128

pain de maïs
arepa 127

pain doré
torreja, pan francés 128

pain perdu
torreja, pan francés 128

palais de justice
palacio de justicia 93

palme
palma 107

palourde
almeja 149

pamplemousse
toronja 140

Panamá
Panamá 52

Panaméen/ne
panameño/a 53

pané
empanizado, empanado 133

pansement
vendaje 56

pantalon
pantalón 168

papaye
papaya 140

papier hygiénique
papel higiénico 118

Pâques, jour de
día de Pascua 69

parachutisme
paracaidismo 105

Paraguay
Paraguay 52

Paraguayen/ne
paraguayo/a 53

parapente
parapente 105

parasol
sombrilla 107, 108

poste restante
apartado postal 63

pot
tarro 47

poterie
alfarería, cerámica 163

potiron
calabaza 139

pouding
pudín 130

poulet
pollo 146

poulpe
pulpo 149

pour
para 58, 112

poussette
cochecito, carriola 184

poussez
empujar 159

pouvoir
poder 35

premier/ère
primero/a 44, 71

prendre
tomar, darse 155

préparation
preparación 132

près de
cerca de 41

préservatif
preservativo 59

prêt
listo 170

printemps
primavera 51

prix
precio 160

prochain/e
próximo/a 49, 51, 71

proche
cercano 113

produit
producto 177

produit de beauté
producto de belleza, cosmético 162

produit laitier
lácteo 135

professeur/e
profesor/a 179

profession
profesión 178

programme
programa 153

projet
proyecto 177

promenade
caminata, paseo 93

propre
limpio/a 118

prune
ciruela 140

psychologie
psicología 182

psychologue
psicólogo/a 180

public
público 161, 180

publicité
publicidad 180

pull
jersey, pulóver 168

pyramide
pirámide 93

Q

quai
andén 79
muelle 93

quand
cuándo 41, 48

quantité
cantidad 45

quarante
cuarenta 43

quart
cuarto 45, 132

quatorze
catorce 43

quatre
cuatro 43

quatre-vingt
ochenta 44

quatre-vingt-dix
noventa 44

quatrième
cuarto 44

Québec
Quebec 52

Québécois/e
quebequense, quebequés, quebequesa 54

quincaillerie
quincallería/, ferretería 162

quinze
quince 43

R

Race, jour de la
Día de la Raza 69

radiateur
radiador 86

romantique
romántico 113

romarin
romerillo 138

rosé
rosado, rojizo 133

rôti
asado 133

rouge
rojo/a 47

route non revêtue
carretera sin asfaltar 81

roux/rousse
pelirrojo/a 187

rue
calle 81

ruelle
callejuela 81

rue piétonne
calle peatonal 81

ruine
ruina 93

S

sable
arena 108

sac
bolso 54, 163

saignant (cuisson)
poco hecho,
sangriento 133

Saint-Jean-Baptiste
San Juan Bautista, día
de 69

saison
estación 51

salade
ensalada 127

salé
salado 135

salé/e
salado/a 136

salle à manger
comedor 126

salle d'attente
sala de espera 56

salle de bain
baño 112

salle d'embarquement
sala de embarque 75

salle d'exposition
sala de exposición 100

salut
adiós 39
hola 173

salutation
saludo 173

Salvadorien/ne
salvadoreño/a 54

samedi
sábado 50

sandwich
sandwich 127
sandwich,
emparedado 127

sanglier
jabalí, puerco salvaje 147

sans
sin 41, 83, 85, 132

santé
salud 56, 155, 180

sardine
sardina 149

satisfait/e
satisfecho/a 189

sauce
salsa 138

sauce piquante
salsa picante 138

sauce soya
salsa de soja, salsa de
china 138

saucisse
embutido, chorizo 147

sauge
salvia 138

saumon
salmón 149

saumon fumé
salmón ahumado 150

sauté
salteado 133

sauveteur
socorrista 108

savon
jabón 116

scanner
escáner 66

science politique
ciencia política 182

science naturelle
ciencia natural 100

sculpteur
escultor 100

sculpture
escultura 100, 163

sèche-cheveux
secador de pelo 116

secrétaire
secretario/a 180

seize
dieciséis 43

sel
sal 138

semaine
semana 49, 50, 55

semaine dernière
semana pasada 49

semaine prochaine
semana próxima 49

Semaine sainte
Semana Santa 68

sensation
sensación 189

séparé/e
separado/a 186

sept
siete 43

septembre
septiembre 50

serré/e
estrecho/a 170

serrure
cerradura 86

serveur/euse
camarero/a 180

service
servicio 114
servicio, propina 137

service de blanchisserie
servicio de lavandería 117

service de garde
servicio de guardería 183

service de gardienne
servicio de canguro 117

service de repassage
servicio de plancha 117

serviette
toalla 118, 119

serviette de table
servilleta 134

seul/e
solo/a 186

sexe sécuritaire
sexo seguro 186

sexy
sexy 186

short
pantalón corto 168

siècle
siglo 44

siège
asiento 86, 153

siège d'appoint pour enfant
asiento elevador para niño 83

siège réservé
asiento reservado 71

simple
simple 170

site archéologique
centro arqueológico 93

six
seis 43

ski
esquí 107

ski alpin
esquí de montaña 105

ski de fond
esquí de fondo 105

Skype
skype 188

soccer
fútbol 153

société
sociedad 176

soda
soda 156

sœur
hermana 182

soie
seda 163, 171

soif, avoir
tener sed 189

soir
noche 49

soixante
sesenta 44

soixante-dix
setenta 44

solde
oferta 160

sole
lenguado 150

soleil
sol 68

solution de réhydratation orale
sal de rehidratación oral 59

solution électrolytique
sal de rehidratación oral 59

solution nettoyante
solución para limpiar 59

sombre
oscuro/a 118

sorbet
sorbeto, sorbete 130

sortie
salida 81

soucoupe
platillo 134

soupe
sopa 127

souper
cena 126

souple
suave 59, 170

sourire
sonrisa 187

sous
bajo 40

taximètre
taxímetro 78

technicien/ne
técnico/a 180

technique
técnica 101

télécharger
descargar 165

télécommunication
telecomunicación 181

téléférique
teleférico 93

téléphone
teléfono 62, 116

téléphone portable
teléfono celular 65

téléphone prépayé
teléfono de prepago 65

téléverser
descargar 165

téléviseur
televisor 116

télévision
televisión 116

témoin lumineux
luz de freno de mano 86

temple
templo 94

temps
tiempo 47

temps à autre, de
de tiempo en tiempo 41

tennis
tenis 106

tequila
tequila 156

terrain de golf
campo de golf 117

terrain de jeu
parque de juegos 184

terrasse
terraza 126

tête
cabeza 57

thé
té 131

théâtre
teatro 94, 153

thon
atún 150

thym
tomillo 138

ticket
billete 98
billete, boleto 77

tiers
tercio 45

timbre
sello, estampilla 63

tire-bouchon
tirabuzón, sacacorcho 116

tirez
tirar 159

tisane
tisana, infusión 131

tissu
tejido 163
tela 163, 164

toast
tostada 128

toile
lienzo, tela 163

toilette
baño 72, 126

toit ouvrant
techo corredizo 86

tomate
tomate 143

toréador
torero 153

tortilla
tortilla 127

tour
torre 94

tourisme
turismo 54, 97, 182

Toussaint
Día de Todos los
Santos 69

tout de suite
enseguida 48

tout droit
derecho, derechito 40, 82

tout/e
todo/a 45

train
tren 79

trajet
trayecto 78

tranche
loncha 47, 133

tranquille
tranquilo/a 189

transgenre
transgénero 187

transmission automatique
transmisión
automática 83

transsexuel/le
transexual 187

travail
obra 82
trabajo 174

traversée
travesía 76

traversier
transbordador 76

travesti
travesti 156

treize
trece 43

trente
treinta 43

très
muy 41

trois
tres 43, 55

troisième
tercero 44

truite
trucha 150

t-shirt
camiseta, pulover 169

tunnel
túnel 94

U

un/e
uno/a 42

université
universidad 182

urbanisme
urbanismo 101

urbaniste
urbanista 180

urgence
urgencia 56, 59

urgent
urgente 176

Uruguay
Uruguay 52

Uruguayen/ne
uruguayo/a 54

V

vacances
vacaciones 55, 173

vaccin
vacuna 56

vaisselle
platos, vajilla 116

valise
maleta 55, 73
valija 55

vanille
vainilla 130

vannerie
cestería 164

veau
ternero 147

végétalien
vegano 124

végétarien/ne
vegetariano/a 124, 134

véhicule 4x4
cuatro por cuatro 82

vélo
bicicleta 106

vélo de montagne
bicicleta de montaña 106

venaison
venado 147

vendeur/euse
vendedor/a 180

vendredi
viernes 50

Vendredi saint
Viernes Santo 68

Venezuela
Venezuela 52

Vénézuélien/ne
venezolano/a 54

vénimeux/se
venenoso/a 109

venir
venir 35

vent
viento 68

vente
venta 176

ventilateur
ventilador 86, 116

ventre
barriga 57

vermouth
vermú 156

verre
trago 155, 156
vaso 134

verre de contact
lente de contacto 59

verrerie
cristalería, vidriería 164

verre soufflé
vidrio soplado 164

version originale
versión original 154

vert/e
verde 47, 140

veste
chaqueta 169

vestiaire
vestuario 104

veston
chaquetón 169

vêtement
ropa 167
ropa, vestido 169

veuf/ve
viudo/a 186

Costume traditionnel en Équateur.
© iStockphoto.com/KalypsoWorldPhotography